Religión Católica

Autor
Luís Fabregat

Ilustraciones
Susana Campillo

El presente libro ha sido elaborado teniendo en cuenta el Compendio del Catecismo de la Iglesia Católica, el Catecismo Jesús es el Señor (CEE) y la Sagrada Biblia (CEE) en la versión escolar de la Editorial Casals.

ADVERTENCIA: Todas las actividades contenidas en este libro han de realizarse en un cuaderno aparte. Los espacios incluidos en las actividades son meramente indicativos y su finalidad es didáctica.

Pueden utilizarse los modelos que se han preparado para ser impresos en el CD que se adjunta en la Propuesta didáctica del profesor.

Casals

Educación Primaria 4

Contenidos

Páginas	Unidad	La celebración de la Eucaristía	Los elementos litúrgicos	La misericordia de Dios	La respuesta a Dios	La fe de la Iglesia
			El año litúrgico		El ejemplo de los santos	
92-93	**Actividades de evaluación trimestral**					
94-107	**7. La oración de Jesús**	- Padrenuestro y rito de la paz - Fracción del pan - Cordero de Dios	- La música - El cirio pascual	- Pasión y muerte de Jesús	- La dignidad del cuerpo	- La Eucaristía
			- Tiempo de Pascua - Ascensión - Pentecostés		- San Agustín	
108-121	**8. El pan de vida**	- Este es el cordero de Dios - El Cuerpo de Cristo - Comunión	- Las imágenes - Advocaciones de la Virgen María	- El sacramento de la Reconciliación	- Los bienes materiales	- La esperanza cristiana
			- La Santísima Trinidad - El Cuerpo y la Sangre de Cristo - El Sagrado Corazón		- San Francisco de Asís	
122-135	**9. La alegría y la paz**	- Bendición final y despedida - Acción de gracias Empieza la semana	- El sagrario - La custodia	- La Cuaresma	- El amor a la verdad	- Dios Espíritu Santo
			- Nacimiento de San Juan Bautista - San Pedro y San Pablo - Asunción de la Virgen María		- San Juan Pablo II	
136-137	**Actividades de evaluación trimestral**					

Código para la distribución de los bloques para el desarrollo del currículo

BLOQUE 1	El sentido religioso del hombre
BLOQUE 2	La revelación: Dios interviene en la historia
BLOQUE 3	Jesucristo, cumplimiento de la Historia de la Salvación
BLOQUE 4	Permanencia de Jesucristo en la historia: la Iglesia

Qué hay en cada unidad*

La celebración de la Eucaristía
La primeras páginas de cada unidad son una explicación cronológica de la celebración de la Eucaristía.

Continuación de las páginas anteriores.

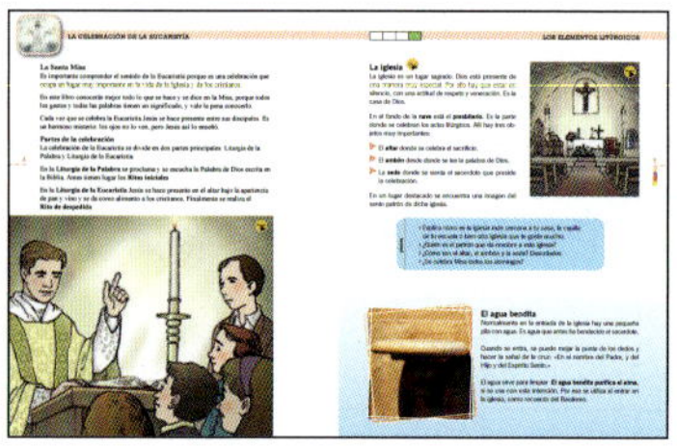

Los elementos litúrgicos
Significado de algunos elementos de la celebración: objetos, ornamentos, gestos, etc.

Actividades
Actividades para recapitular los contenidos de las páginas anteriores.

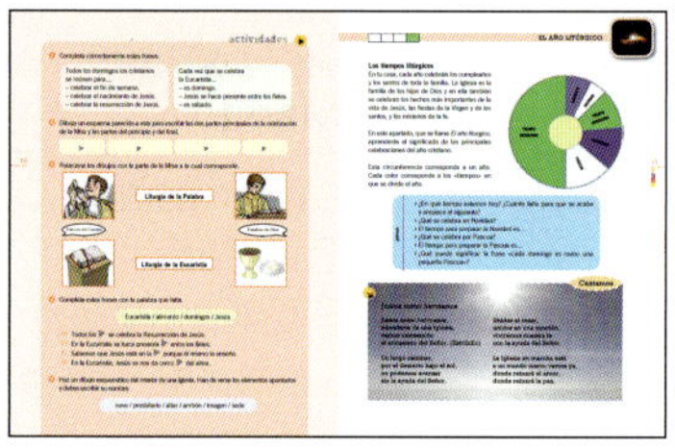

El año litúrgico
Las principales celebraciones del año litúrgico ordenadas cronológicamente.

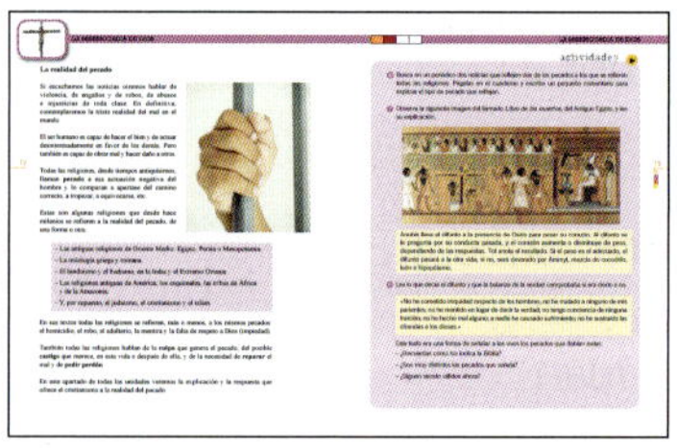

La misericordia de Dios
La experiencia del pecado y del perdón de Dios en las religiones, en la Biblia y en la vida de la Iglesia.

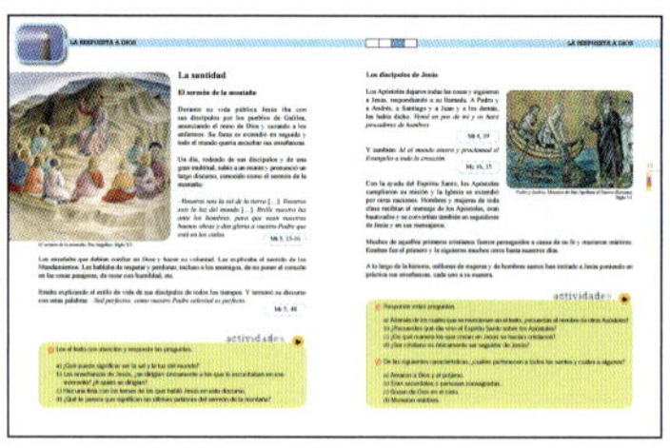

La respuesta a Dios
Los Mandamientos como pauta de vida en el cristianismo. Un pasaje bíblico en la página de la izquierda introduce el tema.

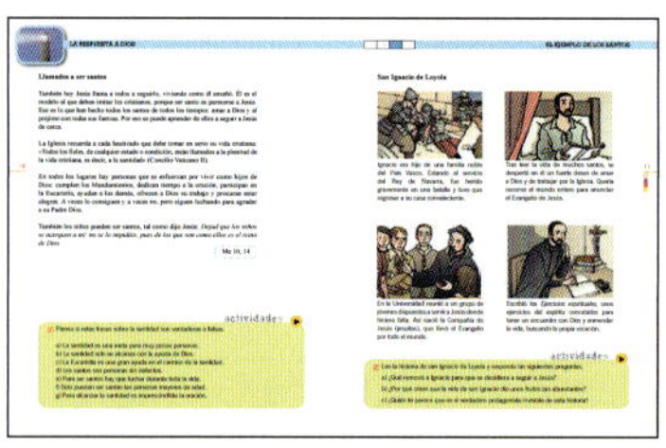

El ejemplo de los santos
Virtudes relacionadas con el Mandamiento anterior y vida de un santo como modelo de las mismas.

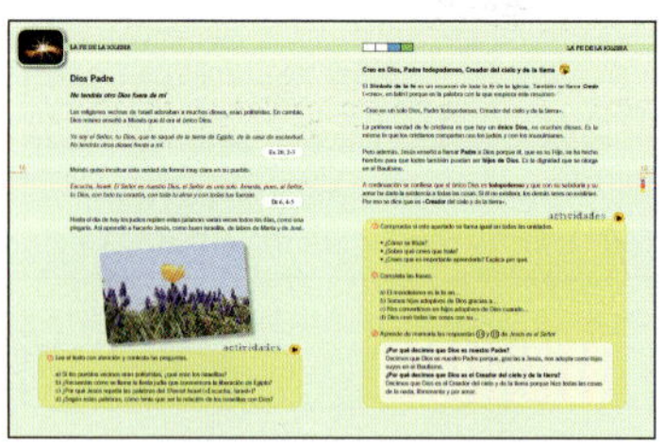

La fe de la Iglesia
Las verdades de la fe cristiana, introducidas por un pasaje bíblico en la página de la izquierda.

Las competencias básicas y las inteligencias múltiples

A través de la aplicación de las *inteligencias múltiples* en las diversas actividades de estos materiales, el equipo pedagógico de *Editorial Casals* pretende asegurar que el alumno adquiera de un modo integral las **competencias básicas** al finalizar la etapa. En función de ese objetivo en los laterales exteriores de las páginas se hacen visibles mediante un pictograma de colores las *competencias* principales a las que se quiere atender en cada sesión.

Las *inteligencias múltiples* son:

Inteligencia visual-espacial: capacidad de percibir con precisión el mundo visual-espacial y de introducir cambios en las percepciones iniciales.

Inteligencia cinético-corporal: capacidad de controlar los movimientos corporales y de manipular objetos con habilidad.

Inteligencia lingüística: capacidad de procesar con rapidez mensajes lingüísticos, ordenar palabras y dar sentido a los mensajes.

Inteligencia naturalista: atracción y sensibilidad para el mundo natural. Capacidad de identificación del lenguaje natural. Capacidad para describir las relaciones entre las distintas especies.

Inteligencia lógico-matemática: sensibilidad para los patrones lógicos o numéricos. Capacidad para mantener largas cadenas de razonamiento.

Inteligencia interpersonal: capacidad para percibir y comprender a las otras personas. Discernir y responder adecuadamente a los estados de ánimo, los temperamentos, las motivaciones y los deseos de los demás.

Inteligencia intrapersonal: capacidad de autoestima y automotivación. Acceso a la propia vida interior y capacidad de distinguir las emociones; conciencia de los puntos fuertes y débiles propios.

Inteligencia musical: capacidad de expresarse mediante formas musicales.

Inteligencia existencial: esta inteligencia no forma parte de las 8 inteligencias propuestas por Gardner. Pero creemos que es una dimensión imprescindible en el desarrollo de la capacidad trascendente del alumno, y en la consolidación de su experiencia espiritual y religiosa.

Competencias básicas:

- **comunicación lingüística**
- **social y cívica**
- **cultural y artística**
- **aprender a aprender**
- **autonomía e iniciativa personal**

1 Un encuentro con Dios

El día del Señor

El domingo es el día en que los cristianos se reúnen para celebrar juntos su fe. Cada domingo, desde hace dos mil años, celebran la resurrección de Jesús.

Las campanas de la iglesia recuerdan que se acerca la hora. Jesús invita a todos a su casa. Mayores y pequeños se acercan con alegría porque van a celebrar la Resurrección de Jesús, y lo hacen con la celebración de la Eucaristía o Santa Misa.

Antes de empezar

- Recordamos cosas del curso pasado:
  - ¿En qué se diferencia el domingo de los otros días de la semana?
  - ¿Sabes por qué los cristianos celebran el domingo y no otro día?
  - ¿Cuándo nos dejó Jesús el gran regalo de la Eucaristía?

La Santa Misa

Es importante comprender el sentido de la Eucaristía porque es una celebración que ocupa un lugar muy importante en la vida de la Iglesia y de los cristianos.

En este libro conocerás mejor todo lo que se hace y se dice en la Misa, porque todos los gestos y todas las palabras tienen un significado, y vale la pena conocerlo.

Cada vez que se celebra la Eucaristía Jesús se hace presente entre sus discípulos. Es un hermoso misterio: los ojos no lo ven, pero Jesús así lo enseñó.

Partes de la celebración

La celebración de la Eucaristía se divide en dos partes principales: Liturgia de la Palabra y Liturgia de la Eucaristía.

En la **Liturgia de la Palabra** se proclama y se escucha la Palabra de Dios escrita en la Biblia. Antes tienen lugar los **Ritos iniciales**.

En la **Liturgia de la Eucaristía** Jesús se hace presente en el altar bajo la apariencia de pan y vino y se da como alimento a los cristianos. Finalmente se realiza el **Rito de despedida**.

La iglesia

vídeo

La iglesia es un lugar sagrado. Dios está presente de una manera muy especial. Por ello hay que estar en silencio, con una actitud de respeto y veneración. Es la casa de Dios.

En el fondo de la **nave** está el **presbiterio.** Es la parte donde se celebran los actos litúrgicos. Allí hay tres objetos muy importantes:

- El **altar** donde se celebra el sacrificio.
- El **ambón** desde donde se lee la palabra de Dios.
- La **sede** donde se sienta el sacerdote que preside la celebración.

En un lugar destacado se encuentra una imagen del santo patrón de dicha iglesia.

piensa

- Explica cómo es la iglesia más cercana a tu casa, la capilla de tu escuela o bien otra iglesia que te guste mucho.
- ¿Quién es el patrón que da nombre a esta iglesia?
- ¿Cómo son el altar, el ambón y la sede? Descríbelos.
- ¿Se celebra Misa todos los domingos?

El agua bendita

Normalmente en la entrada de la iglesia hay una pequeña pila con agua. Es agua que antes ha bendecido el sacerdote.

Cuando se entra, se puede mojar la punta de los dedos y hacer la señal de la cruz: «En el nombre del Padre, y del Hijo y del Espíritu Santo.»

El agua sirve para limpiar. **El agua bendita purifica el alma,** si se usa con esta intención. Por eso se utiliza al entrar en la iglesia, como recuerdo del Bautismo.

1 Completa correctamente estas frases.

Todos los domingos los cristianos se reúnen para...
– celebrar el fin de semana.
– celebrar el nacimiento de Jesús.
– celebrar la resurrección de Jesús.

Cada vez que se celebra la Eucaristía...
– es domingo.
– Jesús se hace presente entre los fieles.
– es sábado.

2 Dibuja un esquema parecido a este para escribir las dos partes principales de la celebración de la Misa y las partes del principio y del final.

▶ ▶ ▶ ▶

3 Relaciona los dibujos con la parte de la Misa a la cual corresponde.

Liturgia de la Palabra

Liturgia de la Eucaristía

4 Completa estas frases con la palabra que falta.

Eucaristía / alimento / domingos / Jesús

- Todos los ▶ se celebra la Resurrección de Jesús.
- En la Eucaristía se hace presente ▶ entre los fieles.
- Sabemos que Jesús está en la ▶ porque él mismo lo enseñó.
- En la Eucaristía, Jesús se nos da como ▶ del alma.

5 Haz un dibujo esquemático del interior de una iglesia. Han de verse los elementos apuntados y debes escribir su nombre.

nave / presbiterio / altar / ambón / imagen / sede

Los tiempos litúrgicos

En tu casa, cada año celebráis los cumpleaños y los santos de toda la familia. La Iglesia es la familia de los hijos de Dios y en ella también se celebran los hechos más importantes de la vida de Jesús, las fiestas de la Virgen y de los santos, y los misterios de la fe.

En este apartado, que se llama *El año liturgico*, aprenderás el significado de las principales celebraciones del año cristiano.

Esta circunferencia corresponde a un año. Cada color corresponde a los «tiempos» en que se divide el año.

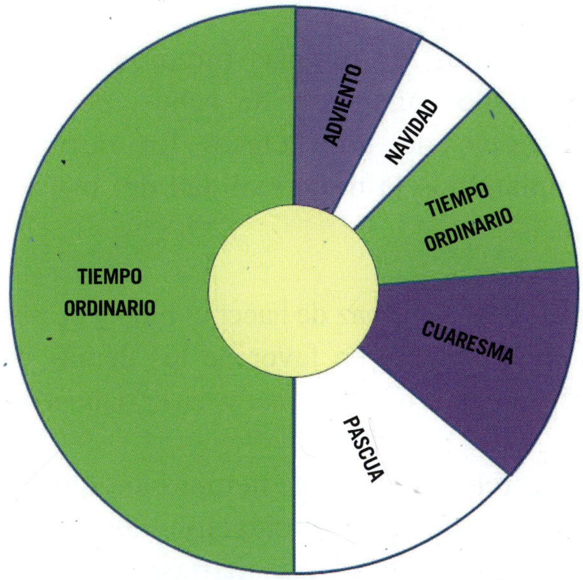

piensa

- ¿En qué tiempo estamos hoy? ¿Cuánto falta para que se acabe y empiece el siguiente?
- ¿Qué se celebra en Navidad?
- El tiempo para preparar la Navidad es…
- ¿Qué se celebra por Pascua?
- El tiempo para preparar la Pascua es…
- ¿Qué puede significar la frase «cada domingo es como una pequeña Pascua»?

canción

Cantamos

Juntos como hermanos

Juntos como hermanos,
miembros de una Iglesia,
vamos caminando
al encuentro del Señor. (Estribillo)

Un largo caminar,
por el desierto bajo el sol,
no podemos avanzar
sin la ayuda del Señor.

Unidos al rezar,
unidos en una canción,
viviremos nuestra fe
con la ayuda del Señor.

La Iglesia en marcha está
a un mundo nuevo vamos ya,
donde reinará el amor,
donde reinará la paz.

La realidad del pecado

Si escuchamos las noticias oiremos hablar de violencia, de engaños y de robos, de abusos e injusticias de toda clase. En definitiva, contemplaremos la triste realidad del mal en el mundo.

El ser humano es capaz de hacer el bien y de actuar desinteresadamente en favor de los demás. Pero también es capaz de obrar mal y hacer daño a otros.

Todas las religiones, desde tiempos antiquísimos, llaman **pecado** a esa actuación negativa del hombre y lo comparan a apartase del camino correcto, a tropezar, a equivocarse, etc.

Estas son algunas religiones que desde hace milenios se refieren a la realidad del pecado, de una forma u otra.

– Las antiguas religiones de Oriente Medio: Egipto, Persia o Mesopotamia.
– La mitología griega y romana.
– El hinduismo y el budismo, en la India y el Extremo Oriente.
– Las religiones antiguas de América, los esquimales, las tribus de África y de la Amazonia.
– Y, por supuesto, el judaísmo, el cristianismo y el islam.

En sus textos todas las religiones se refieren, más o menos, a los mismos pecados: el homicidio, el robo, el adulterio, la mentira y la falta de respeto a Dios (impiedad).

También todas las religiones hablan de la **culpa** que genera el pecado, del posible **castigo** que merece, en esta vida o después de ella, y de la necesidad de **reparar** el mal y de **pedir perdón**.

En este apartado de todas las unidades veremos la explicación y la respuesta que ofrece el cristianismo a la realidad del pecado.

actividades

6 Busca en un periódico dos noticias que reflejen dos de los pecados a los que se refieren todas las religiones. Pégalas en el cuaderno y escribe un pequeño comentario para explicar el tipo de pecado que reflejan.

7 Observa la siguiente imagen del llamado *Libro de los muertos*, del Antiguo Egipto, y lee su explicación.

Anubis lleva el difunto a la presencia de Osiris para pesar su corazón. Al difunto se le pregunta por su conducta pasada, y el corazón aumenta o disminuye de peso, dependiendo de las respuestas. Tot anota el resultado. Si el peso es el adecuado, el difunto pasará a la otra vida; si no, será devorado por Ammyt, mezcla de cocodrilo, león e hipopótamo.

8 Lee lo que decía el difunto y que la balanza de la verdad comprobaba si era cierto o no.

«No he cometido iniquidad respecto de los hombres; no he matado a ninguno de mis parientes; no he mentido en lugar de decir la verdad; no tengo conciencia de ninguna traición; no he hecho mal alguno; a nadie he causado sufrimiento; no he sustraído las ofrendas a los dioses.»

Este texto era una forma de señalar a los vivos los pecados que debían evitar.

– ¿Recuerdas cómo los indica la Biblia?

– ¿Son muy distintos los pecados que señala?

– ¿Siguen siendo válidos ahora?

El sermón de la montaña. Fra Angélico. Siglo XV.

La santidad

El sermón de la montaña

Durante su vida pública Jesús iba con sus discípulos por los pueblos de Galilea, anunciando el reino de Dios y curando a los enfermos. Su fama se extendió en seguida y todo el mundo quería escuchar sus enseñanzas.

Un día, rodeado de sus discípulos y de una gran multitud, subió a un monte y pronunció un largo discurso, conocido como el sermón de la montaña:

–Vosotros sois la sal de la tierra [...]. *Vosotros sois la luz del mundo* [...]. *Brille vuestra luz ante los hombres, para que vean vuestras buenas obras y den gloria a vuestro Padre que está en los cielos.*

Mt 5, 13-16

Les enseñaba que debían confiar en Dios y hacer su voluntad. Les explicaba el sentido de los Mandamientos. Les hablaba de respetar y perdonar, incluso a los enemigos, de no poner el corazón en las cosas pasajeras, de rezar con humildad, etc.

Estaba explicando el estilo de vida de sus discípulos de todos los tiempos. Y terminó su discurso con estas palabras: *–Sed perfectos, como vuestro Padre celestial es perfecto.*

Mt 5, 48

actividades

9 Lee el texto con atención y responde las preguntas.

a) ¿Qué puede significar ser la sal y la luz del mundo?
b) Las enseñanzas de Jesús, ¿se dirigían únicamente a los que lo escuchaban en ese momento? ¿A quién se dirigían?
c) Haz una lista con los temas de los que habló Jesús en este discurso.
d) ¿Qué te parece que significan las últimas palabras del sermón de la montaña?

Los discípulos de Jesús

Los Apóstoles dejaron todas las cosas y siguieron a Jesús, respondiendo a su llamada. A Pedro y a Andrés, a Santiago y a Juan y a los demás, les había dicho: *Venid en pos de mí y os haré pescadores de hombres.*

Mt 4, 19

Y también: *Id al mundo entero y proclamad el Evangelio a toda la creación.*

Mc 16, 15

Pedro y Andrés. Mosaico de San Apolinar el Nuevo (Ravena). Siglo VI.

Con la ayuda del Espíritu Santo, los Apóstoles cumplieron su misión y la Iglesia se extendió por otras naciones. Hombres y mujeres de toda clase recibían el mensaje de los Apóstoles, eran bautizados y se convertían también en seguidores de Jesús y en sus mensajeros.

Muchos de aquellos primeros cristianos fueron perseguidos a causa de su fe y murieron mártires. Esteban fue el primero y le siguieron muchos otros hasta nuestros días.

A lo largo de la historia, millones de mujeres y de hombres santos han imitado a Jesús poniendo en práctica sus enseñanzas, cada uno a su manera.

actividades

10 Responde estas preguntas.

a) Además de los cuatro que se mencionan en el texto, ¿recuerdas el nombre de otros Apóstoles?
b) ¿Recuerdas qué día vino el Espíritu Santo sobre los Apóstoles?
c) ¿De qué manera los que creían en Jesús se hacían cristianos?
d) ¿Ser cristiano es únicamente ser seguidor de Jesús?

11 De las siguientes características, ¿cuáles pertenecen a todos los santos y cuáles a algunos?

a) Amaron a Dios y al prójimo.
b) Eran sacerdotes o personas consagradas.
c) Gozan de Dios en el cielo.
d) Murieron mártires.

Llamados a ser santos

También hoy Jesús llama a todos a seguirlo, viviendo como él enseñó. Él es el modelo al que deben imitar los cristianos, porque ser santo es parecerse a Jesús. Eso es lo que han hecho todos los santos de todos los tiempos: amar a Dios y al prójimo con todas sus fuerzas. Por eso se puede aprender de ellos a seguir a Jesús de cerca.

La Iglesia recuerda a cada bautizado que debe tomar en serio su vida cristiana: «Todos los fieles, de cualquier estado o condición, están llamados a la plenitud de la vida cristiana, es decir, a la santidad» (Concilio Vaticano II).

En todos los lugares hay personas que se esfuerzan por vivir como hijos de Dios: cumplen los Mandamientos, dedican tiempo a la oración, participan en la Eucaristía, ayudan a los demás, ofrecen a Dios su trabajo y procuran estar alegres. A veces lo consiguen y a veces no, pero siguen luchando para agradar a su Padre Dios.

También los niños pueden ser santos, tal como dijo Jesús: *Dejad que los niños se acerquen a mí: no se lo impidáis, pues de los que son como ellos es el reino de Dios.*

Mc 10, 14

actividades

12 Piensa si estas frases sobre la santidad son verdaderas o falsas.

a) La santidad es una meta para muy pocas personas.
b) La santidad solo se alcanza con la ayuda de Dios.
c) La Eucaristía es una gran ayuda en el camino de la santidad.
d) Los santos son personas sin defectos.
e) Para ser santos hay que luchar durante toda la vida.
f) Solo pueden ser santas las personas mayores de edad.
g) Para alcanzar la santidad es imprescindible la oración.

San Ignacio de Loyola

Ignacio era hijo de una familia noble del País Vasco. Estando al servicio del Rey de Navarra, fue herido gravemente en una batalla y tuvo que regresar a su casa convaleciente.

Tras leer la vida de muchos santos, se despertó en él un fuerte deseo de amar a Dios y de trabajar por la Iglesia. Quería recorrer el mundo entero para anunciar el Evangelio de Jesús.

En la Universidad reunió a un grupo de jóvenes dispuestos a servir a Jesús donde hiciera falta. Así nació la Compañía de Jesús (jesuitas), que llevó el Evangelio por todo el mundo.

Escribió los *Ejercicios espirituales*, unos ejercicios del espíritu concebidos para tener un encuentro con Dios y enmendar la vida, buscando la propia vocación.

actividades

13 Lee la historia de san Ignacio de Loyola y responde las siguientes preguntas.

a) ¿Qué removió a Ignacio para que se decidiera a seguir a Jesús?

b) ¿Por qué crees que la vida de san Ignacio dio unos frutos tan abundantes?

c) ¿Quién te parece que es el verdadero protagonista invisible de esta historia?

Dios Padre

No tendrás otro Dios fuera de mí

Las religiones vecinas de Israel adoraban a muchos dioses, eran politeístas. En cambio, Dios mismo enseñó a Moisés que él era el único Dios:

Yo soy el Señor, tu Dios, que te saqué de la tierra de Egipto, de la casa de esclavitud. No tendrás otros dioses frente a mí.

Ex 20, 2-3

Moisés quiso inculcar esta verdad de forma muy clara en su pueblo:

Escucha, Israel: El Señor es nuestro Dios, el Señor es uno solo. Amarás, pues, al Señor, tu Dios, con todo tu corazón, con toda tu alma y con todas tus fuerzas.

Dt 6, 4-5

Hasta el día de hoy los judíos repiten estas palabras varias veces todos los días, como una plegaria. Así aprendió a hacerlo Jesús, como buen israelita, de labios de María y de José.

actividades

14 Lee el texto con atención y contesta las preguntas.

a) Si los pueblos vecinos eran politeístas, ¿qué eran los israelitas?
b) ¿Recuerdas cómo se llama la fiesta judía que conmemora la liberación de Egipto?
c) ¿Por qué Jesús repetía las palabras del *Shemá Israel* («Escucha, Israel»)?
d) ¿Según estas palabras, cómo tenía que ser la relación de los israelitas con Dios?

Creo en Dios, Padre todopoderoso, Creador del cielo y de la tierra

oración

El **Símbolo de la fe** es un resumen de toda la fe de la Iglesia. También se llama ***Credo*** («creo», en latín) porque es la palabra con la que empieza este resumen:

«Creo en un solo Dios, Padre todopoderoso, Creador del cielo y de la tierra».

La primera verdad de fe cristiana es que hay un **único Dios**, no muchos dioses. Es la misma fe que los cristianos comparten con los judíos y con los musulmanes.

Pero además, Jesús enseñó a llamar **Padre** a Dios porque él, que es su Hijo, se ha hecho hombre para que todos también puedan ser **hijos de Dios**. Es la dignidad que se otorga en el Bautismo.

A continuación se confiesa que el único Dios es **todopoderoso** y que con su sabiduría y su amor ha dado la existencia a todas las cosas. Si él no existiera, los demás seres no existirían. Por eso se dice que es «**Creador** del cielo y de la tierra».

actividades

15 Comprueba si este apartado se llama igual en todas las unidades.

- ¿Cómo se titula?
- ¿Sobre qué crees que trata?
- ¿Crees que es importante aprenderlo? Explica por qué.

16 Completa las frases.

a) El monoteísmo es la fe en…
b) Somos hijos adoptivos de Dios gracias a…
c) Nos convertimos en hijos adoptivos de Dios cuando…
d) Dios creó todas las cosas con su…

17 Aprende de memoria las respuestas (14) y (15) de *Jesús es el Señor.*

¿Por qué decimos que Dios es nuestro Padre?
Decimos que Dios es nuestro Padre porque, gracias a Jesús, nos adopta como hijos suyos en el Bautismo.
¿Por qué decimos que Dios es el Creador del cielo y de la tierra?
Decimos que Dios es el Creador del cielo y de la tierra porque hizo todas las cosas de la nada, libremente y por amor.

2 El perdón de Dios

Saludo inicial

En primer lugar el sacerdote besa el altar, como expresión de amor a Jesús.

Y a continuación dice: *En el nombre del Padre, y del Hijo y del Espíritu Santo*.

Mientras tanto se hace la señal de la cruz y se responde: ***Amén***.
Después saluda al pueblo reunido: *El Señor esté con vosotros.*
Y se responde: ***Y con tu espíritu***.

Ya ha empezado la celebración. Conviene esforzarse para estar atentos porque Dios está en medio de la asamblea.

Antes de empezar

- ¿Te acuerdas?
  - ¿Cuáles son las primeras palabras del sacerdote al comenzar la Misa? ¿Y la respuesta de los fieles?
  - ¿Con qué gesto se acompañan estas palabras?
  - Al iniciar la Misa se pide perdón a Dios por las culpas. ¿Cómo se hace?

Acto penitencial

A continuación, el sacerdote invita a los fieles a pedir perdón: *Hermanos: para celebrar dignamente estos sagrados misterios, reconozcamos nuestros pecados.* Se le pide perdón a Dios en silencio por los pecados y se reza el **acto de contrición.**

Después, el sacerdote pide a Dios que tenga piedad y nosotros respondemos repitiendo sus palabras.

–Señor, ten piedad. ***–Señor, ten piedad.***

–Cristo, ten piedad. ***–Cristo, ten piedad.***

–Señor, ten piedad. ***–Señor, ten piedad.***

Jesús perdona los pecados veniales si hay arrepentimiento y propósito de rectificar.

Gloria

Después se canta el **Gloria**, un himno de alabanza a Dios:

–¡Gloria a Dios en el cielo y en la tierra paz a los hombres que ama el Señor!

Se alaba a Dios y se le da gracias por las maravillas de la Creación y la Salvación, por su grandeza y su bondad. Es como darle un gran aplauso, en compañía de los ángeles.

Finalmente, el sacerdote dice: *–Oremos*. Y después de una pausa, con las manos extendidas, lee una breve oración llamada **colecta**.

El altar

Cuando se celebra la Eucaristía, el centro de la ceremonia es el altar. Está cubierto con un mantel blanco, también hay unas velas encendidas y, si el tiempo litúrgico lo permite, se colocan flores en él.

Cerca del altar hay una imagen de Jesús crucificado. Está ahí porque **en el altar se hace presente el sacrificio de Jesús por los hombres**.

El altar es un objeto sagrado porque ha sido consagrado, es decir, dedicado a Dios. Por eso se le muestra respeto, inclinando la cabeza al pasar delante de él.

El altar sólo se utiliza para celebrar la Eucaristía.

piensa

- Visita una iglesia. Explica con detalle cómo es el altar (material, forma, tamaño).
- ¿Dónde está y cómo es la cruz con el Santo Cristo?
- ¿Qué hay sobre el altar cuando comienza la Misa?

Las posturas

Durante la celebración de la Santa Misa, las posturas del cuerpo quieren expresar la actitud del corazón:

- Estar de pie muestra una actitud de respeto y atención.
- Estar sentados indica reflexión sobre lo que se escucha, recogimiento interior y oración íntima.
- Arrodillarse es señal de adoración, e inclinar la cabeza, de respeto profundo.
- Un beso y estrechar la mano es señal de fraternidad.

piensa

- Intenta recordar un momento de la Misa en cada posición.

1. Escribe de manera ordenada estos cuatro momentos del *Rito inicial.*

Gloria / Saludo inicial / Acto penitencial / Beso al altar

Relaciona los cuatro momentos anteriores con estas frases:

Señal de amor a Jesús.

Estamos reunidos con el Señor.

Para pedir perdón a Dios.

Para alabar las bondades de Dios.

2. Completa estas frases con las palabras que faltan.
   - El Señor esté con vosotros: ▶.
   - Hermanos, antes de ▶ los Sagrados Misterios reconozcamos nuestros ▶.
   - Señor, ten piedad: ▶.
   - Por tu inmensa ▶ te alabamos, te ▶, te adoramos, te ▶, te damos gracias.
   - Por los siglos de los siglos: ▶.

3. Copia estos globos de diálogo y escribe o dibuja quién habla: el sacerdote, los fieles o ambos.

En el nombre del Padre, y del Hijo y del Espíritu Santo.

El Señor esté con vosotros.

Y con tu espíritu.

Hermanos, antes de celebrar estos Santos Misterios...

Señor, ten piedad.

Gloria a Dios en el cielo.

4. Dibuja un altar en el que se vean los manteles, las velas y el crucifijo. Si quieres, puedes ponerle flores, también.

Todos los Santos (1 de noviembre)
Todos los días se celebra la fiesta de algún santo. En este día se recuerda a todos los cristianos que ya están en el cielo, aunque no hayan sido declarados santos por la Iglesia. Son una multitud incalculable. Vivieron ejemplarmente su vida cristiana y ahora están en el cielo. Ven a Dios tal como él es y le ruegan por nosotros. Hoy también se recuerda la llamada de todos a ser santos.

Los Fieles Difuntos (2 de noviembre)
El día siguiente se conmemora a todos aquellos cristianos que ya han muerto, pero que todavía deben purificar sus pecados para poder estar con Dios en el cielo. Son las almas del purgatorio. Hoy, toda la Iglesia reza por ellos, para ayudarles a llegar pronto al cielo.

piensa

- Mucha gente va al cementerio estos días. ¿Qué crees que se va a hacer allí?
- Después de leer sobre la fiesta del día de Todos los Santos, ¿crees que ser santo es algo que sólo pueden conseguir algunas personas?

canción

Cantamos

Gloria

Gloria a Dios en el cielo,
y en la tierra paz a los hombres
que ama el Señor. (Estribillo)

Por tu inmensa gloria te alabamos,
te bendecimos, te adoramos,
te glorificamos, te damos gracias.

Señor Dios, Rey celestial, Dios Padre
todopoderoso. Señor, Hijo único, Jesucristo.
Señor Dios, Cordero de Dios, Hijo del Padre.

Tú que quitas el pecado del mundo,
ten piedad de nosotros;
Tú que quitas el pecado del mundo,
atiende a nuestra súplica;
Tú que estás sentado a la derecha
del Padre,
ten piedad de nosotros.

Porque sólo tú eres Santo,
sólo tú Señor,
sólo tú Altísimo, Jesucristo,
con el Espíritu Santo
en la gloria de Dios Padre.
Amén.

El origen del mal

Según la enseñanza de la Biblia, la inclinación al mal que existe en el ser humano es herencia de un pecado de la primera pareja humana. Por eso se le llama **pecado original**.

Lo narra el libro del Génesis en el capítulo 3 con estas imágenes:

> Adán y Eva vivían felices en el paraíso que Dios les había preparado.
>
> El diablo, en forma de serpiente, animó a Eva a comer «del árbol del conocimiento del bien y del mal», cuyo fruto Dios le había prohibido comer. «Se os abrirán los ojos, y seréis como Dios en el conocimiento del bien y del mal», dijo la serpiente a la mujer.
>
> El fruto era agradable para comer y les daría esa inteligencia. Ambos comieron e inmediatamente se dieron cuenta de que estaban desnudos y sentían vergüenza ante la presencia de Dios. Entonces Dios les anunció los males que se derivarían de su desobediencia y les expulsó del paraíso.

Según la Biblia, como consecuencia del pecado original se habría iniciado en las personas la tendencia al mal, los conflictos entre ellas, el sufrimiento físico y la muerte.

Promesa de Salvación

En el mismo capítulo del Génesis, Dios asegura a la serpiente que finalmente será derrotada:

> «Pongo hostilidad entre ti y la mujer, entre tu descendencia y su descendencia, esta te aplastará la cabeza cuando tú la hieras en el talón». (Gn 3, 15)

Esta victoria final por parte del hombre es el primer anuncio de la futura venida de Jesucristo para salvar a la humanidad de las consecuencias del pecado.

actividades

5 Piensa en el relato del pecado original y relaciona las imágenes de la izquierda con lo que representan.

imagen	representa
	• La pérdida de la amistad con Dios y de la armonía entre las personas.
	• Decidir lo que está bien y lo que está mal.
	• La amistad con Dios y la armonía con lo que había creado.

6 Reflexiona sobre el relato del pecado original y contesta.

– ¿Qué tipo de pecado fue el que cometieron los primeros padres?

a) de mentira y asesinato b) de soberbia y desobediencia c) de estafa y robo

7 Completa este texto con las palabras que faltan.

elegir / paz / tentación

– Como Adán y Eva, cada ser humano puede ____________ entre el bien y el mal.

– La ____________ le presenta como bueno algo que está mal, y lo elige.

– Entonces pierde la ____________ porque se aleja de Dios y de los demás.

8 Escribe tres situaciones que ocurran en nuestro mundo y que se parezcan a la actitud de Adán y Eva de rechazar la amistad de Dios.

El camino de la Santidad

Monte Sinaí.

Los diez Mandamientos

En el Antiguo Testamento leemos que el pueblo de Israel, después de ser liberado de la esclavitud de Egipto, llegó al pie del Monte Sinaí. Allí Dios entregó a Moisés los diez Mandamientos grabados en dos tablas de piedra. Moisés los leyó en presencia del pueblo y todos dijeron:

–*Haremos todo lo que ha dicho el Señor y le obedeceremos.*

Ex 24, 7

Entonces Moisés ofreció un sacrificio como signo de la Alianza que el Señor había hecho con ellos. Los diez Mandamientos ayudaron a los israelitas a conservar su fe en Dios a lo largo de su historia, aunque no siempre le obedecieran.

Siglos más tarde, Jesús, el Hijo de Dios hecho hombre, reafirmó el Decálogo y explicó a sus discípulos el sentido de cada mandamiento. Él enseñó que el resumen de los Mandamientos es el amor a Dios y el amor al prójimo.

actividades

9 Aprende de memoria los diez Mandamientos.

Primero: Amarás a Dios sobre todas las cosas.
Segundo: No tomarás el nombre de Dios en vano.
Tercero: Santificarás las fiestas.
Cuarto: Honrarás a tu padre y a tu madre.
Quinto: No matarás.
Sexto: No cometerás actos impuros.
Séptimo: No robarás.
Octavo: No darás falso testimonio ni mentirás.
Noveno: No consentirás pensamientos ni deseos impuros.
Décimo: No codiciarás los bienes ajenos.

Las Bienaventuranzas

Una persona que se deja guiar por la luz de los mandamientos y se esfuerza por ponerlos en práctica es una persona que crece en las virtudes y camina hacia la santidad.

Pero Jesús mostró a sus discípulos un camino todavía más perfecto hacia la felicidad del cielo:

–Bienaventurados los pobres en el espíritu, porque de ellos es el reino de los cielos.
– Bienaventurados los mansos, porque ellos heredarán la tierra.
– Bienaventurados los que lloran, porque ellos serán consolados.
– Bienaventurados los que tienen hambre y sed de la justicia, porque ellos quedarán saciados.
– Bienaventurados los misericordiosos, porque ellos alcanzarán misericordia.
– Bienaventurados los limpios de corazón, porque ellos verán a Dios.
– Bienaventurados los que trabajan por la paz, porque serán llamados hijos de Dios.
– Bienaventurados los perseguidos por causa de la justicia, porque de ellos es el reino de los cielos.

Mt 5, 3-10

actividades

10 Señala si estas frases son verdaderas o falsas.

	V	F
Los diez Mandamientos se dirigen únicamente a los bautizados.		
Los Mandamientos son un camino seguro para llegar al cielo.		
Cumplir los Mandamientos lleva al cielo pero produce tristeza.		
Cumplir los Mandamientos nos hace mejores personas.		
Las Bienaventuranzas son los valores que están de moda en la actualidad.		

11 Aprende de memoria las respuestas (75) y (76) de *Jesús es el Señor.*

¿Qué nos enseñan los diez Mandamientos?
Los diez Mandamientos enseñan el camino para llegar a Dios y así ser felices y hacer felices a los demás.
¿Qué nos enseñó Jesús sobre los Mandamientos?
Jesús enseñó a no separar nunca el amor a Dios del amor a los hermanos.

La gracia de Dios

Vivir siempre de acuerdo con los Mandamientos y las bienaventuranzas no es nada fácil. Por eso Dios, además de señalar el camino, da la fuerza necesaria para vencer los obstáculos y llegar hasta la meta, que es unirse a él en el cielo, ser santos.

Esa ayuda de Dios es lo que llamamos la gracia de Dios. La gracia no es algo material, que se pueda pesar o medir, sino que es la acción misma del Espíritu Santo en el alma para santificarla.

Esa presencia viva de Dios en el alma se inicia en el Bautismo. Es el comienzo de la vida de la gracia. Después crece y se desarrolla por medio de las buenas obras, de la oración y de los sacramentos de la Iglesia, en especial la Eucaristía y la Reconciliación.

A una persona que reza habitualmente y que recibe los sacramentos le resulta más fácil amar a Dios y amar al prójimo porque cuenta con la gracia de Dios.

actividades

12 Relaciona estas dos clases de oración con su definición.

Oración vocal	Hablar con Dios con oraciones aprendidas, como el Padre nuestro, el Avemaría, etc.
Oración mental	Hablar con Dios con palabras propias salidas del corazón.

La Eucaristía y la Reconciliación son los sacramentos que se pueden recibir con más frecuencia. ¿Recuerdas cuándo se puede recibir cada uno?

13 Aprende de memoria las respuestas (2) y (53) de *Jesús es el Señor.*

¿Qué es la gracia?
La gracia es la participación en la vida de Dios. Es la ayuda que Dios nos da para responder a su llamada.

¿Cuáles son los siete Sacramentos?
Los siete Sacramentos son: el Bautismo, la Confirmación, la Eucaristía, la Penitencia, la Unción de enfermos, el Orden sacerdotal y el Matrimonio.

Santa Teresita del Niño Jesús

vídeo

Teresa nació en Lisieux, Francia, de unos padres muy buenos cristianos. Desde muy jovencita quería amar a Dios con todas sus fuerzas, y se hizo madre carmelita.

Deseaba ser santa, pero se consideraba muy poca cosa para realizar acciones importantes. Un día comprendió que podía servir a la Iglesia amando intensamente a Dios.

Todo lo hacía para mostrar a Dios lo mucho que lo amaba: pequeños sacrificios, ser amable y servicial, estar alegre. Rezaba mucho por los misioneros y misioneras.

Murió joven, después de una enfermedad. Sus últimas palabras fueron: «¡Dios mío, os amo!». Su vida fue sencilla, pero es una santa muy conocida y querida.

actividades

14 Lee la historia de santa Teresita del Niño Jesús. Después, contesta las siguientes preguntas.

a) A Teresa de Lisieux se la conoce como santa Teresita. ¿Cuál fue su descubrimiento espiritual?

b) ¿Cómo mostraba santa Teresita su amor a Dios?

c) ¿Crees que santa Teresita actuaba únicamente con sus propias fuerzas?

La Santísima Trinidad

Quien me ha visto a mí, ha visto al Padre

Jesús, siempre que hablaba de Dios decía «mi Padre», y cuando rezaba le llamaba «Abbá» (papá). Además, hacía cosas que sólo puede hacer Dios, como curar enfermos o resucitar muertos. Y hablaba como Dios: *Quien me ha visto a mí ha visto al Padre.*

Jn 14, 9

Durante la Última Cena, habló a los discípulos sobre el Espíritu Santo: *Y yo le pediré al Padre que os dé otro Paráclito, que esté siempre con vosotros* [...]. *El Espíritu Santo, que enviará el Padre en mi nombre, será quien os lo enseñe todo y os vaya recordando todo lo que os he dicho.*

Jn 14, 16.26

Cuando Jesús resucitado estaba a punto de volver a los cielos junto al Padre, reunió a los Apóstoles cerca de Jerusalén y les dio la misión de llevar su mensaje a toda la tierra: *Id, pues, y haced discípulos a todos los pueblos, bautizándoles en el nombre del Padre y del Hijo y del Espíritu Santo.*

Mt 28, 19

actividades

15 Lee el texto con atención y responde las preguntas.

a) ¿De quién habla Jesús en el primer párrafo?
b) ¿De quién habla Jesús en el segundo párrafo?
c) ¿De quién habla Jesús en el tercer párrafo?
d) ¿Recuerdas cuál es la fórmula del Bautismo?

Dios es Padre, Hijo y Espíritu Santo

En la unidad anterior estudiaste que hay un único Dios, creador de todas las cosas, ¿lo recuerdas? Gracias a Jesús sabemos otras cosas sobre Dios que nunca hubiéramos descubierto por nuestra cuenta.

Jesús enseñó que Dios es **tres personas:** el Padre, el Hijo y el Espíritu Santo. Dios no es un dios solitario, sino una comunidad de amor, una familia.

El Padre es Dios, el Hijo es Dios, el Espíritu Santo es Dios. Pero no son tres dioses, sino un solo Dios. Es el misterio de la **Santísima Trinidad,** que no podemos entender ahora, pero lo sabemos porque Jesús lo reveló. Se podrá a entender en el cielo.

Santísima Trinidad, de Niccolò Semitecolo. Siglo XIV.

actividades

16 ¿Cuáles son las primeras palabras que pronuncia el sacerdote cuando empieza la Santa Misa? ¿Recuerdas otro momento en que se digan estas mismas palabras?

17 La Santísima Trinidad no se puede representar porque es espiritual. No obstante, ¿sabes cómo se suele representar?

18 Aprende de memoria las respuestas (11), (12) y (13) de *Jesús es el Señor.*

¿Cuál es el centro de la fe cristiana?
El centro de la fe cristiana es el misterio de la Santísima Trinidad.
¿Qué nos revela el misterio de la Santísima Trinidad?
El misterio de la Santísima Trinidad nos revela que el Padre, el Hijo y el Espíritu Santo son un solo Dios. Así se manifiesta que Dios es Amor.
¿Quién nos ha revelado el misterio de la Santísima Trinidad?
Jesús, el Hijo de Dios, es quien nos ha revelado este Misterio. Él nos enseña que Dios es Amor y nos lo da a conocer.

3 La Palabra de Dios

Lecturas y Salmo

imágen

Los fieles se sientan para escuchar la Palabra de Dios.

La **primera lectura** es un fragmento del Antiguo Testamento. También puede ser del libro de los Hechos de los Apóstoles y del Apocalipsis (Nuevo Testamento). La **segunda lectura** es de las epístola de los apóstoles, del Nuevo Testamento. En cada una, cuando el lector termina, dice: *Palabra de Dios*. Y se responde: ***Te alabamos, Señor.***

Entre las dos lecturas se recita o canta el **salmo**. Es un canto dirigido a Dios, escrito en la Biblia hace mucho tiempo.

Aunque cueste entender algunas lecturas, Dios habla por medio de ellas.

TAC

Antes de empezar

- ¿Te acuerdas?
  - ¿De qué libros son las lecturas que se escuchan en la Santa Misa?
  - ¿Cómo se llama el lugar desde el que se leen las lecturas?
  - ¿En qué postura se escuchan las lecturas? ¿Y cuando se escucha el Evangelio? ¿Qué significan estas posturas?

Evangelio

De pie, se canta ***¡Aleluya!***, como expresión de alegría, excepto en el tiempo de Cuaresma.

El sacerdote se acerca al ambón para leer el **Evangelio**. Antes de empezar, dice:
–El Señor esté con vosotros. ***–Y con tu espíritu.***
–Lectura del Santo Evangelio según san [...] ***–Gloria a ti, Señor.***

Es un momento para poner mucha atención, para imaginar la escena que se está escuchando.

Cuando termina de leer, el sacerdote dice:
–Palabra del Señor. ***–Gloria a ti, Señor Jesús.***
Y besa el libro.

Homilía

A continuación, sentados, se escucha la **homilía**. El sacerdote ayuda a entender las lecturas y anima a poner en práctica la Palabra de Dios.

No se es cristiano o amigo de Jesús solamente dentro de la iglesia, sino también en el colegio, en casa o en la calle. Por eso, lo que Jesús enseña durante la Misa conviene practicarlo después en todas partes.

piensa

› ¿Por qué crees que el sacerdote besa el libro de los Evangelios cuando ha acabado de leerlo?

El sacerdote

El sacerdote es un hombre igual que los demás, que ha recibido el **sacramento del orden**. Esto significa que Jesús lo ha elegido para que actúe en su nombre cuando celebra la Misa, cuando perdona los pecados o cuando enseña la Palabra de Dios.

Antes de comenzar la celebración se prepara interiormente, y también por fuera: se pone los ornamentos, es decir, las vestiduras necesarias para celebrar la Misa.

Cuando el sacerdote se dirige al presbiterio, el espacio más cercano al altar, los fieles se ponen de pie para recibirlo porque es él quien **preside la celebración de la Eucaristía** (en representación de Jesús).

piensa

- ¿Cómo se llama el párroco de la parroquia a la que perteneces?
- ¿Viste igual cuando celebra la Eucaristía u otros sacramentos, que en otros momentos? Piensa por qué es así.
- Intenta describir cómo se viste el sacerdote cuando celebra la Santa Misa.

Los colores litúrgicos

El color de los ornamentos que lleva el sacerdote durante la Misa tiene un significado:

Blanco: la alegría de la fiesta. Se utiliza durante Navidad, Pascua y el resto de fiestas.

Verde: la esperanza que tenemos puesta en Dios. Se utiliza durante el Tiempo Ordinario.

Rojo: el color de la sangre y del fuego. Se utiliza el día de la Pasión, en las fiestas de los mártires y del Espíritu Santo.

Morado: austeridad, penitencia, conversión. Se utiliza durante el Adviento, la Cuaresma y en las Misas de difuntos.

1. Escribe de manera ordenada los cuatro momentos de la Liturgia de la Palabra.

Segunda lectura / Primera lectura / Evangelio / Salmo / Aleluya

2. Relaciona las frases de la izquierda con las palabras de la derecha.

- Se está sentado.
- Del Antiguo o del Nuevo Testamento.
- Lee un lector o lectora.
- Antes se canta el Aleluya.
- Lee el sacerdote o el diácono.
- Se lee desde el ambón.
- Después se canta el Salmo.
- Se está en pie.

Lectura

Evangelio

3. Lo que Jesús enseña se debe practicar siempre en todas partes. Enumera aspectos valiosos de las personas (servicio, altruismo, capacidad de inventiva…) y cómo es posible concretarlos en acciones que nos distingan como buenos cristianos.

4. Relaciona las tres columnas.

Color litúrgico	¿Qué significa?	¿Cuando se utiliza?
(morado)	fiesta, alegría	Tiempo ordinario
(blanco)	sangre, fuego	Mártires, Pasión
(verde)	austeridad	Navidad, Pascua
(rojo)	esperanza	Adviento, Cuaresma

Jesucristo Rey del Universo (Cinco domingos antes de Navidad)
El último domingo del año cristiano se celebra la fiesta de Jesucristo, Rey del Universo. Se recuerda que Jesús es Señor de todas las cosas y quiere hacer llegar su Reino de amor y de paz al corazón de todas las personas.

Inicio del Adviento (Primer Domingo de Adviento)
El domingo siguiente, primer domingo de Adviento, comienza un nuevo año litúrgico. El Adviento son los cuatro domingos anteriores a Navidad (25 de diciembre). La Iglesia ayuda a los fieles a prepararse para el nacimiento de Jesús.

Inmaculada Concepción (8 de diciembre)
Es una gran fiesta de la Virgen. Se celebra que ya desde antes de nacer, desde que fue concebida en el seno de su madre, el pecado no tuvo dominio sobre ella. Es la única criatura que ha nacido sin la herencia del pecado original.

▶ Indica en un calendario de este año qué día será el primer, segundo, tercer y cuarto domingo de Adviento. Indica también qué día será la fiesta de **Jesucristo, Rey del Universo**.

piensa

› ¿Por qué la celebración de la fiesta de Jesucristo, Rey del universo y el inicio del Adviento no es cada año el mismo día?

canción

Cantamos

Háblame Señor

Háblame Señor, (3 bis)
que tu amigo escucha.
Háblame Señor, (3 bis)
que escucho tu voz. (estribillo)

Tú tienes palabras de vida,
Tú tienes palabras de verdad,
palabras de amor y esperanza,
que siempre yo quiero escuchar.

(R. Benítez)

La historia de Israel

En los libros del Antiguo Testamento, la Biblia explica la historia del pueblo de Israel.

– Dios prometió a Abraham una gran descendencia y una tierra en posesión. Sus descendientes, los israelitas, se convirtieron en esclavos del faraón en Egipto.

– Dios, por medio de Moisés, los liberó, hizo con ellos una Alianza y los condujo a través del desierto hasta la tierra que había prometido a Abraham.

– Una vez en la tierra prometida, los israelitas se apartaban con frecuencia de los preceptos de la Alianza, adorando falsos dioses y permitiendo la injusticia. Dios les enviaba profetas para corregir su actitud y para anunciarles la salvación futura, pero muy pocos hacían caso.

– Entonces Dios permitió que los israelitas fueran vencidos por sus enemigos y expulsados de su tierra. Lejos de casa, el pueblo de Israel reflexionó y se dio cuenta de su infidelidad a Dios.

– A la vuelta del destierro, Israel inició una nueva etapa, más fiel a los mandamientos del Señor y con la esperanza puesta en el Mesías que los profetas anunciaban.

La historia que acabas de leer refleja también la historia de cada persona. A menudo las personas, como Israel, se fían más de sus propias fuerzas que del amor de Dios. Entonces se equivocan, se apartan del camino y sufren las consecuencias.

actividades

5 Recuerda la historia que acabas de leer y señala el orden de las frases.

a)	b)	c)	d)	e)
Israel se aparta de la Alianza con Dios y adora dioses falsos.	Dios elige a Israel y lo llena de bendiciones.	Dios le envía profetas para que se convierta, pero no hacen caso.	Dios envía un Salvador a Israel.	Israel se convierte a Dios cuando lo ha perdido todo.

6 Si comparamos la historia de Israel con la historia de las personas, relaciona cada frase del ejercicio anterior con una de las siguientes.

1. El hombre se convierte cuando es consciente de su miseria.
2. Dios otorga muchos dones a las personas.
3. Dios perdona al hombre por medio de Jesucristo.
4. Por el pecado las personas se apartan de Dios.
5. Dios ofrece al hombre la posibilidad de convertirse, pero no lo aprovecha.

7 ¿Cuál de las siguientes conclusiones de lo que has leído no es correcta?

a) Dios ofrece siempre la posibilidad de convertirse.
b) Dios perdona siempre cuando el hombre reconoce su culpa.
c) Sólo los israelitas pueden salvarse.
d) Dios tiene paciencia.

8 El siguiente salmo expresa la reflexión del pueblo de Israel sobre su historia y sobre la enseñanza de los profetas.

> **Salmo 103**
> «El Señor es compasivo y misericordioso, lento a la ira y rico en clemencia. / No nos trata como merecen nuestros pecados, ni nos paga según nuestras culpas. / Como se levanta el cielo sobre la tierra, se levanta su bondad sobre los que le temen. / Como dista el oriente del ocaso, así aleja de nosotros nuestros delitos. / Como un padre siente ternura por sus hijos, siente el Señor ternura por los que le temen. / La misericordia del Señor dura desde siempre y por siempre.»

a) ¿Qué título pondrías a este salmo?
b) El texto utiliza tres comparaciones para explicar la grandeza de la misericordia de Dios, ¿cuáles son?
c) Elige las dos frases del texto que más te gusten y apréndelas de memoria.

El amor a Dios

El mandamiento más importante

A Jesús le gustaba dialogar con la gente. En una ocasión se le acercó un hombre sabio, experto en la ley de Moisés, y le preguntó:

–Maestro, ¿cuál es el mandamiento principal de la ley?

Jesús le contestó:

–Amarás al Señor tu Dios con todo tu corazón, con toda tu alma, con toda tu mente. Este mandamiento es el principal y primero. El segundo es semejante a él: Amarás a tu prójimo como a ti mismo. En estos dos mandamientos se sostienen toda la Ley y los Profetas.

Mt 22, 35-40

Jesús enseña así que el mandamiento más importante es amar a Dios con todas las fuerzas. Por eso es el primero.

Además de con las palabras, Jesús lo enseña también con su ejemplo. Desde su nacimiento en Belén hasta su muerte en la cruz, siempre cumplió la misión que Dios le había encomendado: dar a conocer en la tierra el amor de Dios al hombre.

Si alguno dice: «Yo amo a Dios», y odia a su hermano, es un mentiroso; pues quien no ama a su hermano a quien ve, no puede amar a Dios a quien no ve.

1 Jn 4, 20

actividades

9 Lee el texto con atención y responde las preguntas.

a) ¿Cómo dice Jesús que se debe amar a Dios?
b) Según la enseñanza de Jesús, ¿se puede separar el amor a Dios del amor al prójimo?
c) Según el texto, ¿cómo dio Jesús ejemplo de amor a Dios sobre todas las cosas?
d) ¿Cuál era la misión que Jesús realizaba en la tierra?

Amarás a Dios sobre todas las cosas

Dios nos ha dado la vida y ha creado todo lo que nos rodea para ser felices, aquí y en el cielo. Por eso se debe reconocer su infinita bondad y grandeza y corresponder a su inmenso amor.

El primer mandamiento invita, en primer lugar, a creer en Dios, esperar en él y amarle sobre todas las cosas. Lo contario es decir que Dios no existe, o vivir como si no existiera, confiando únicamente en nuestras fuerzas.

El amor a Dios se manifiesta con los hechos cuando se obedecen sus mandamientos y, especialmente, cuando se ama a los hermanos.

También se demuestra el amor a Dios cuando alguien se lo dice sinceramente y cuando le ofrece sus cosas.

La adoración es el honor que se debe dar exclusivamente a Dios por su grandeza infinita. La mejor forma de adorar a Dios y darle el culto que merece es la Santa Misa.

actividades

10 Piensa e indica si las siguientes afirmaciones son verdaderas o falsas.

	V	F
El primer mandamiento es sólo para los cristianos.		
No se puede amar a Dios y al mismo tiempo amar a los demás.		
Dios nos ama, aunque nosotros no lo amemos lo suficiente.		
Lo mejor que se puede ofrecer a Dios es la Santa Misa.		

11 Aprende de memoria el primer Mandamiento y lo que exige.

El primer mandamiento es «Amarás a Dios sobre todas las cosas».

El primer mandamiento exige creer en Dios, esperar en él y amarlo sobre todas las cosas, libres de toda idolatría. (Catecismo *Testigos del Señor*).

No tomarás el nombre de Dios en vano

El segundo mandamiento está muy relacionado con el primero. Si se ama a Dios sobre todas las cosas, también se debe hablar de él y de las cosas sagradas con respeto y reverencia. Es lo mismo que hacemos al hablar de nuestros padres: lo hacemos con respeto y cariño porque los queremos.

Si alguien se burlara de nuestros padres, hablara mal de ellos o les insultara, nos molestaría muchísimo. Por eso, un hijo o una hija de Dios debe evitar siempre la blasfemia, que es decir palabras o hacer gestos injuriosos contra Dios, la Virgen o los santos.

También hay que evitar jurar sin necesidad, por cualquier tontería, y mucho menos jurar sobre algo que es mentira, porque jurar es poner a Dios por testigo de lo que se dice o se promete.

actividades

12 Explica con tus palabras por qué el segundo mandamiento está relacionado con el primero.

13 Ordena las sílabas para formar las palabras que están definidas a la izquierda. Las cuatro son pecados contrarios a los dos primeros mandamientos.

a) Adorar otras realidades que no son Dios.	a · trí · la · I · do
b) Creer contrariamente a Dios y a la razón.	ti · pers · Su · ción
c) Decir palabras injuriosas contra Dios.	fe · mia · Blas
d) Profanar cosas o lugares sagrados.	gio · Sa · le · cri

14 Aprende de memoria el segundo Mandamiento y lo que exige.

> El segundo mandamiento es «No tomarás el nombre de Dios en vano».
>
> El segundo mandamiento exige respetar el nombre de Dios, que es Santo. (Catecismo *Testigos del Señor*).

Santa María, Madre de Dios

vídeo

María era una chica sencilla de Nazaret, hija de Joaquín y Ana. Es la única criatura que nació sin el pecado original, por la misión que iba a recibir.

Un día la visitó el ángel Gabriel para comunicarle la voluntad de Dios. Tendría un hijo, que sería el Mesías Salvador, el Hijo de Dios. María aceptó los planes de Dios.

María cumplió la voluntad de Dios con sencillez y humildad. Compartió el sufrimiento de Jesús en la cruz y acompañó espiritualmente a los primeros discípulos de su hijo.

Desde el cielo protege como madre a los discípulos de Jesús. En el cielo está por encima de los ángeles y los santos, porque es la criatura más santa que existe. Es venerada en todo el mundo.

actividades

15 Lee la historia de la Virgen María y responde las siguientes preguntas.

a) Elabora una lista con las virtudes de la Virgen que ves en el texto.

b) ¿Qué diferencia existe entre la Virgen María y otras mujeres santas?

c) ¿Podemos adorar a María como adoramos a Dios? Explica algunas maneras que tenemos de venerar a la Virgen.

La Sagrada Escritura

La ley y los profetas

Al inicio de su vida pública, después de ser bautizado por Juan, Jesús llegó a Nazaret, el pueblo donde se crió. Como hacía todos los sábados, entró a la sinagoga* con sus antiguos vecinos.

A la hora de la lectura, le ofrecieron el libro para que lo leyera en voz alta. Lo desenrolló y leyó un pasaje del profeta Isaías. Después enrolló el libro, se lo dio al ayudante y se sentó de nuevo. Todos los que estaban en la sinagoga tenían los ojos fijos en él para escuchar su comentario.

Jesús hablaba a menudo de «la ley y los profetas» para referirse a los libros del Antiguo Testamento, que como buen israelita estudió desde chico:

No creáis que he venido a abolir la Ley y los Profetas; no he venido a abolir, sino a dar plenitud.

Mt 5, 17

* Lugar de reunión de los judíos para celebrar su fe.

actividades

16 Lee el texto con atención y responde las preguntas.

a) ¿Qué libros leían los judíos en la sinagoga los sábados?
b) ¿Jesús conocía esos libros?
c) ¿Sabes por qué se habla de desenrollar y enrollar el libro?
d) ¿El mensaje de Jesús era contrario a lo que enseñaba el Antiguo Testamento?

La Biblia, Palabra de Dios

La Biblia es el libro más importante para los cristianos y también para los judíos. Es un **conjunto de muchos libros**, como una biblioteca agrupada en un solo volumen. Los libros más importantes son los **cuatro Evangelios**, que son como el corazón de la Biblia porque nos hablan de la vida y las enseñanzas de Jesús.

Dios es el **autor principal** de la Biblia porque inspiró a los autores humanos que escribieron sus libros. De modo que, cuando se lee la Biblia, es Dios mismo quien habla. Por eso nos referimos a ella como **Palabra de Dios** o **Sagrada Escritura**.

En las páginas de la Biblia se lee la **historia de la Salvación**: el plan de Dios para que todos puedan conocerlo y amarlo.

La Sagrada Escritura es un gran **tesoro para la Iglesia**. En la Santa Misa se lee solemnemente, desde un lugar especial, y el sacerdote besa la página del Evangelio cuando termina de leerlo.

actividades

17. Responde las siguientes preguntas, consultando el índice de una Biblia.

    a) ¿En qué dos partes se divide la Biblia?
    b) ¿En qué parte encontramos los Evangelios?
    c) ¿Quiénes son los autores de los cuatro Evangelios?

18. Recuerda lo que hacemos durante la Santa Misa y responde estas preguntas.

    a) ¿Qué decimos después de escuchar las lecturas en la Santa Misa?
    b) ¿En qué postura se escucha el Evangelio durante la Misa?
    c) ¿Qué hace el sacerdote después de leer el Evangelio?
    d) Saca una conclusión de todo ello.

19. Aprende de memoria la respuesta (8) de *Jesús es el Señor.*

¿Quién nos transmite la Palabra de Dios?
La Iglesia nos transmite la Palabra de Dios a través de su vida y especialmente de la Biblia o Sagrada Escritura.

2.1 **1** Escribe debajo de cada dibujo la parte de la celebración de la Eucaristía a la que corresponde.

Primera lectura / Saludo inicial / Evangelio / Acto penitencial

____

____

____

____

1.1 1.2 2.1 **2** Contesta sí o no a las siguientes preguntas.

¿Todas las religiones hablan de la existencia del pecado?	
¿Todas las religiones explican el pecado de la misma forma?	
¿Todas las religiones hablan de pecados semejantes?	
¿Los pecados necesitan una reparación?	
¿Las religiones dicen que el pecado merece un castigo?	

1.1 1.2 **3** Señala el orden de los acontecimientos en el relato del pecado original en la Biblia.

El diablo tentó a Eva.	Adán y Eva son expulsados del Paraíso.	Adán y Eva sienten vergüenza.
Adán y Eva vivían felices en el Paraíso.	Adán y Eva comieron el fruto prohibido.	

4 Explica con tus palabras qué representa el Paraíso y la expulsión del Paraíso.

5.1 **5** Indica si las siguientes frases de la historia de Isarel son ciertas o no.

	sí	no
Los israelitas son los descendientes de Abraham.		
Israel se liberó de la escalvitud de Egipto con sus propias fuerzas.		
Los israelitas se apartaban con frecuencia del amor a Dios.		
Los israelitas siempre hacían caso a los profetas.		
Dios había prometido que enviaría un salvador a Israel.		
Dios envió al Mesías para salvar únicamente a los israelitas.		

2.1 **6** Completa el siguiente texto bíblico con las palabras que faltan y escribe para él un título adecuado.

siempre / pecados / misericordioso / ternura / clemencia

«El Señor es compasivo y ____________________, lento a la ira y rico en ____________________. / No nos trata como merecen nuestros ____________________, ni nos paga según nuestras culpas. / Como un padre siente ____________________ por sus hijos, siente el Señor ternura por los que lo temen. / La misericordia del Señor dura desde ____________________ y por siempre». (Salmo 103)

4 Con un solo corazón

Profesión de fe

Después de la homilía se recita el ***Credo***. Es un resumen de la fe de la Iglesia, de todo lo que cree un cristiano. Se podría resumir así:

- Creo en Dios Padre, que ha creado todas las cosas.
- Creo en Dios Hijo, que se ha hecho hombre para salvarnos.
- Creo en Dios Espíritu Santo, que guía y santifica la Iglesia.
- Creo en la vida eterna que nos espera después de esta vida.

El *Credo* son palabras que han llegado hasta el presente, como un tesoro que pasa de generación en generación, y que conviene saber de memoria.

Antes de empezar

- Recordamos cosas de la unidad anterior:
  - Estamos a punto de acabar la primera parte de la Misa. ¿Recuerdas cuáles son sus dos partes principales?
  - Si escuchas las palabras «Creo en Dios, Padre Todopoderoso», ¿sabrías cómo continuar?
- Piensa y responde a la siguiente pregunta:
  - ¿Qué une a todas las personas que también participan en la Misa, en una misma iglesia o en cualquier otro lugar?

Oración de los fieles

Ahora se ruega a Dios por las necesidades de todos los cristianos y de la humanidad. Se leen las peticiones en voz alta, y al final de cada petición se dice: ***Te rogamos, óyenos.***

Siempre se ruega por la Iglesia extendida por todo el mundo, por el Papa y los obispos, por las necesidades del país y del mundo entero. Y se pueden añadir interiormente las intenciones que se quiera.

El sacerdote acaba la oración de los fieles diciendo:
*–Te lo pedimos por Jesucristo, Nuestro Señor. –**Amén**.*

Un gran encuentro

Los que participan en la Misa lo hacen porque son miembros de la Iglesia y quieren celebrar juntos la Resurrección de Jesús. Y lo hacen el domingo porque los primeros cristianos ya lo celebraban ese día.

Todos confiesan la misma fe y piden las mismas cosas al Padre de todos.

La Santa Misa es como un gran encuentro de familia con los cristianos de todo el mundo y de todos los tiempos.

Los fieles

Durante la Misa, **los fieles son el pueblo de Dios reunido (son la Iglesia).** Tanto si son una multitud como si son pocas personas.

Y todos participan y son protagonistas de la celebración. Han salido de casa llevando cosas en el corazón para decirle a Jesús: darle las gracias por esto, pedirle aquello otro, ofrecerle el esfuerzo de toda la semana, etc. Por eso la Misa siempre es diferente.

Durante la celebración de la Eucaristía también están unidos a todos los cristianos, que celebran lo mismo en otros lugares. No los ven, pero los sienten cerca del corazón –sobre todo a los que sufren– porque son sus hermanos.

piensa

- ¿Sabes qué sacramento hay que recibir para poder participar plenamente en la Eucaristía?
- ¿La Misa es igual en todo el mundo, o cada sacerdote la hace a su manera?
- ¿Qué significa que todos los fieles «participan» en la Eucaristía?
- Además del sacerdote, ¿qué otras personas intervienen en la celebración? ¿Qué hacen?

El obispo

Jesús eligió doce Apóstoles y les encomendó la misión de ir por todo el mundo. Los obispos son sus sucesores para **gobernar la Iglesia y enseñar en nombre de Jesús**. Los sacerdotes les ayudan en esta misión.

Toda la Iglesia, extendida por el mundo, está repartida en diócesis. Al frente de cada diócesis hay un obispo.

Los obispos llevan un **anillo** en la mano y una **cruz** colgada del pecho. En las ceremonias llevan el **báculo** en la mano y la **mitra** en la cabeza.

piensa

- ¿Sabes cómo se llama el obispo de tu diócesis? ¿Lo has visto alguna vez?
- Si miras la fotografía, puedes identificar el báculo y la mitra. ¿Cómo son?

1 Completa correctamente estas frases.

El Credo es...
- una oración muy bonita.
- un resumen de la fe de la Iglesia.
- un momento de la Misa.

En la Oración de los fieles se pide...
– cada uno sus cosas.
– las cosas más urgentes.
– por las necesidades de todos.

La Misa es un gran encuentro...
– con los otros que han ido.
– con todos los cristianos.
– con nuestros amigos.

2 Relaciona las personas divinas de la izquierda con las frases de la derecha, según lo que se dice en el *Credo.*

Padre	Se ha hecho hombre para salvarnos.
Hijo	Santifica la Iglesia.
Espíritu Santo	Ha creado todas las cosas.

3 La palabra *Credo* significa «creo» en latín. ¿Recuerdas cómo llamamos al misterio de que el único Dios es Padre, Hijo y Espíritu Santo?

4 Vuelve a leer el texto y explica con tus palabras por qué el *Credo* tiene tanto valor para los critianos.

5 Completa las siguientes frases con la palabra que falta.

oración de los fieles / domingo / Iglesia / resumen
Credo / cristianos / homilía / celebramos

- Después de la ▶ los fieles confiesan su fe repitiendo el ▶.
- El *Creo en un solo Dios* es un ▶ de todo lo que creen los ▶.
- En la ▶ se pide por las necesidades de toda la ▶.
- En la Eucaristía ▶ que Jesús ha resucitado, por eso se hace el ▶.

Natividad del Señor (25 de diciembre) vídeo

¡Qué gran fiesta! Después de la preparación del Adviento, ahora estalla la alegría por el nacimiento de Jesús. Se ha hecho hombre para traer la Salvación.

Santa María, Madre de Dios (1 de enero)

Se empieza el año celebrando que María es «Madre de Dios». Puesto que María es la madre de Jesús, y Jesús es Dios, María es Madre de Dios.

Epifanía (6 de enero)

El «día de Reyes» se llama Epifanía. Rememora que unos sabios extranjeros fueron a Belén para adorar a Jesús. Se celebra que Dios se ha manifestado a todos los pueblos.

Bautismo del Señor (domingo siguiente)

Se celebra el Bautismo del Señor. Con este hecho, Jesús empezaba su vida pública, después de treinta años de vida en Nazaret. Comienza el tiempo ordinario.

piensa

- ¿Cuál es para los cristianos el motivo profundo de la alegría de las fiestas de Navidad?
- ¿Qué recuerdas del bautismo de Jesús? Lugar, protagonistas, hechos...

canción

Cantamos

Creo en Dios

Creo en Dios Padre,
creo en Dios Hijo,
creo en Dios,
creo en Dios Espíritu Santo.

Espero en Dios Padre,
espero en Dios Hijo,
espero en Dios,
espero en Dios Espíritu Santo.

Amo a Dios Padre,
amo a Dios Hijo,
amo a Dios,
amo a Dios Espíritu Santo.

(Jason L.)

El rey David

La Biblia también cuenta historias personales que muestran el perdón y la misericordia de Dios, como la del rey David.

Dios había elegido a David para ser el rey de Israel. Le otorgó muchas cualidades y, efectivamente, era un rey valiente, justo y que amaba al Señor.

Sin embargo, David cometió un grave pecado. Hizo morir con engaño a uno de sus generales para poder casarse con su esposa. No dio importancia a lo que había hecho, acostumbrado como estaba a hacer lo que quería.

Pero Dios, por medio del profeta Natán, le hizo ver su crimen. Entonces, David se arrepintió sinceramente. Noche y día pedía perdón a Dios y ayunaba: «He pecado contra el Señor», decía. Hasta que Natán le dijo: «También el Señor ha perdonado tu pecado».

David compuso muchos de los Salmos que leemos en la Biblia. En algunos expresa a Dios su arrepentimiento tras reconocer su culpa.

La promesa del Mesías

La Biblia también cuenta que Dios hizo una promesa muy especial a David. Por medio de Natán le comunicó que su dinastía reinaría por siempre en Israel y que el Mesías que había de venir nacería de su descendencia.

En efecto, Jesús nació en Belén, la ciudad de David, porque José era de su familia. Por eso a Jesús le llamaban también «hijo de David», una forma de decir que era el Mesías.

actividades

6 Reunidos en pequeños grupos, analizad con detalle el pasaje de la vida del rey David y escribid una lista de todas las enseñanzas que podemos sacar. Después poned en común las conclusiones de todos los grupos.

7 Lee con atención este salmo del rey David y contesta las preguntas.

Salmo 51

Misericordia, Dios mío, por tu bondad, por tu inmensa compasión borra mi culpa; lava del todo mi delito, limpia mi pecado. / Pues yo reconozco mi culpa, tengo siempre presente mi pecado. / Contra ti, contra ti sólo pequé, cometí la maldad en tu presencia. / Aparta tu vista de mi pecado, borra en mí toda culpa. / Oh Dios, crea en mí un corazón puro, renuévame por dentro con espíritu firme. / Devuélveme la alegría de tu salvación, afiánzame con espíritu generoso.

a) ¿Cómo se siente David al ser consciente de su pecado?
   1. enfermo
   2. culpable
   3. tranquilo

b) ¿Por qué confía en el perdón de Dios?
   1. Porque él es el rey de Israel.
   2. Porque hizo grandes ayunos.
   3. Por la bondad y compasión de Dios.

c) ¿Por qué no puede ocultar su crimen?
   1. Porque Dios lo ve todo.
   2. Porque Natán lo ha dicho.
   3. Porque lo vio mucha gente.

d) Escribe la frase del Salmo que te parezca más importante y apréndela de memoria.

8 ¿Crees que estas palabras sólo las podría decir el rey David o sirven también para alguien que ahora se viera necesitado del perdón de Dios? Comentadlo en los mismos grupos que la actividad 6 y exponed vuestra conclusión al conjunto de la clase.

9 Explica por qué a Jesús le llamaban «hijo de David» y qué significa esta expresión.

Tiempo para Dios

Jesús celebra la Pascua en Jerusalén

Los Evangelios cuentan pocas cosas sobre la infancia de Jesús, pero esta es una de ellas:

Sus padres solían ir cada año a Jerusalén por la fiesta de la Pascua. Cuando cumplió doce años, subieron a la fiesta según la costumbre y, cuando terminó, se volvieron; pero el niño Jesús se quedó en Jerusalén, sin que lo supieran sus padres.

Cuando María y José se dieron cuenta, regresaron angustiados a Jerusalén y lo encontraron en el templo, sentado en medio de los maestros de la ley, escuchándolos y haciéndoles preguntas.

Lc 2, 41-50

Relieve de Jesús con los maestros de la ley.

Sabemos que durante su vida pública, Jesús subía todos los años a Jerusalén en compañía de familiares y amigos para alabar a Dios en el templo con ocasión de la Pascua o de otras fiestas judías.

Siguiendo la costumbre de los judíos, todos los sábados iba a la sinagoga a escuchar la Palabra de Dios, cantar los salmos y celebrar la fe de Israel. Muchas de sus enseñanzas tuvieron lugar el sábado en la sinagoga.

actividades

10 Lee el texto con atención y responde las preguntas.

a) ¿De quién aprendió Jesús la costumbre de ir a Jerusalén para las fiestas religiosas?

b) ¿Jesús celebraba él solo las fiestas religiosas?

c) ¿Cuál es la fiesta más importante de los judíos?

d) ¿Algo de lo que hacía Jesús en la sinagoga se parece a lo que hacen los cristianos en la Misa del domingo?

Santificarás las fiestas

Dios dispuso que el ser humano tenga que trabajar para poder alimentarse, vestirse, cobijarse, etc. Tenemos que trabajar para vivir y para crecer como personas. Pero también por eso necesitamos descansar, porque no somos animales de carga.

Por eso en el relato de la Creación se dice que Dios, después de crear los cielos y la tierra, descansó el séptimo día. Este es el origen del tercer mandamiento que Dios enseñó al pueblo de Israel en el Antiguo Testamento: «Santificarás las fiestas».

Los israelitas descansaban los sábados para celebrar las maravillas de la Creación y agradecer a Dios su protección. En la página anterior ya viste que Jesús, como buen judío, celebraba con su familia el sábado y las fiestas de su pueblo.

Dios quiere que uno de los siete días de la semana se le dedique especialmente a él y que el cuerpo y el alma puedan descansar. Para los cristianos, ese día es el domingo porque es el día en que Jesús resucitó. Por eso se llama al domingo el día del Señor.

actividades

11 Piensa y escribe al lado de cada frase si la afirmación es verdadera o falsa.

	V	F
El tercer mandamiento es solamente para los cristianos.		
Jesús, José y María descansaban el sábado.		
Descansamos del trabajo para dar gracias a Dios y celebrar la Creación.		
El sábado es la fiesta de los cristianos porque así lo era para Jesús.		

12 Investiga cuál es la fiesta religiosa más importante en tu ciudad o provincia. Sigue la siguiente pauta.
a) Qué se celebra. b) Cuándo se celebra. c) Cómo se celebra. d) Dónde se celebra.

13 Aprende de memoria el tercer mandamiento y lo que exige.

> El tercer mandamiento de la ley de Dios es «Santificarás las fiestas».
>
> El tercer mandamiento exige celebrar el domingo y otras fiestas señaladas por la Iglesia para dar culto a Dios. (Catecismo *Testigos del Señor*)

Centro de la vida cristiana

La Iglesia propone dos medios para cumplir el mandamiento de santificar el domingo y las fiestas cristianas más solemnes.

- En primer lugar, asistir a la celebración de la Eucaristía. Es la mejor forma de dar culto a Dios y unirse a Jesús y a los hermanos.
- En segundo lugar, descansar del trabajo de la semana. El cuerpo y el alma necesitan descansar; por eso el domingo es un día de tiempo libre y vida familiar.

De estas dos maneras se puede manifestar a Dios que se le ama sobre todas las cosas y agradecerle su amor. Además, se da testimonio de vida cristiana ante toda la sociedad.

Participar en la Eucaristía dominical es tan importante y necesario para la vida del cristiano que, desde que se hace la Primera Comunión, es un deber, si no hay algo importante que lo impida.

actividades

14 Completa estas frases sobre el domingo.

a) El domingo los cristianos celebran...
b) La mejor forma de dar culto a Dios es...
c) En la Eucaristía los cristianos se unen a...
d) El descanso es una necesidad del...
e) El domingo los cristianos tienen el deber de...

15 Aprende de memoria la respuesta (61) de *Jesús es el Señor.*

¿Por qué los cristianos celebramos el domingo?
Porque el domingo es el día del Señor. Convocados por Dios Padre, celebramos la Eucaristía. Los cristianos no podemos vivir sin el domingo.

San Juan María Vianney

vídeo

Juan María nació cerca de Lyon (Francia) en una familia muy humilde de campesinos. Trabajaba cuidando el ganado y no podía asistir a la escuela.

Le costó mucho llegar a ser sacerdote por falta de estudios, pero como quería mucho a Dios, el obispo lo ordenó y le envió como párroco al pueblo de Ars.

Allí rezaba mucho, quería a la gente y hacía el bien a todos. Enseñaba la doctrina a pequeños y mayores. Poco a poco consiguió que todo el pueblo fuera a Misa los domingos.

Gente de toda Francia iba a confesarse con él, porque aconsejaba muy bien a las personas. El párroco se pasaba horas y horas en el confesionario. Es el patrón de los párrocos.

actividades

16 Lee la historia de San Juan María Vianney y responde las preguntas siguientes.

a) ¿Qué hizo el santo párroco de Ars para que todo el pueblo fuera a Misa los domingos?
b) ¿Qué dificultades puede encontrar hoy un cristiano o una cristiana de tu edad para asistir a la Eucaristía los domingos?
c) ¿Qué gracia o ayuda se podría pedir a Dios en favor de todos los sacerdotes por medio de su patrón?

La Iglesia

Id y haced discípulos a todos los pueblos

Después de la marcha de Jesús, su misión continuaría en la tierra por medio de la comunidad que él mismo fundó con este fin: la Iglesia.

En efecto, Jesús eligió a los Apóstoles para que fueran testigos de su vida y para que, ellos y sus sucesores, difundieran su mensaje de Salvación por todo el mundo:

Id, pues y haced discípulos a todos los pueblos, bautizándolos en el nombre del Padre y del Hijo y del Espíritu Santo; enseñándoles a guardar todo lo que os he mandado. Y sabed que yo estoy con vosotros todos los días, hasta el final de los tiempos.

Mt 28,19-20

Por medio de la Iglesia y de sus pastores, la salvación que Jesús trajo al mundo ha llegado hasta el presente y llegará hasta el final de los tiempos.

De entre los Apóstoles, Jesús dio una especial autoridad a Pedro con las siguientes palabras:

Tú eres Pedro, y sobre esta piedra edificaré mi Iglesia, y el poder del infierno no la derrotará. Te daré las llaves del Reino de los cielos; lo que ates en la tierra quedará atado en los cielos, y lo que desates en la tierra quedará desatado en los cielos.

Mt 16,18-19

actividades

17 Lee el texto con atención y responde las preguntas.

a) ¿Cuál era la misión de los Apóstoles?
b) ¿Qué significa que Jesús está con nosotros «hasta el final de los tiempos»?
c) ¿Sabes quiénes son los sucesores de los Apóstoles?
d) ¿Sabes quién es el sucesor del apóstol Pedro?

La Iglesia, la familia de los hijos de Dios

Los que creen en Jesús y han sido bautizados forman la Iglesia, que es el pueblo o la familia de los hijos de Dios, y se llaman **cristianos**.

Todos los cristianos tienen la misma dignidad, recibida en el **Bautismo**: el Papa y los obispos, los sacerdotes y los diáconos, los religiosos y los laicos, los hombres y las mujeres. Todos participan en la gran misión evangelizadora de la Iglesia, cada uno según su vocación.

En efecto, la **misión de la Iglesia** y de cada uno de sus miembros es llevar el mensaje de Jesús a todos los ambientes de la sociedad.

Con la **enseñanza** de los pastores, con los **sacramentos** y con la **oración** de unos por otros, la Iglesia ayuda a los fieles a vivir como hijos de Dios y los guía hacia el cielo. Puesto que son hijos de Dios, los cristianos deben difundir paz, alegría y caridad a su alrededor.

Jesus quiso que su Iglesia tuviera las siguientes notas o características:

- **Una:** una sola, unida por la caridad, por la misma fe, los mismos sacramentos y los mismos pastores (el Papa y los obispos).
- **Santa:** la gracia de Dios actúa en ella y la santifica, aunque esté formada por pecadores.
- **Católica:** universal, abierta a todos los pueblos y culturas.
- **Apostólica:** fundamentada en los Apóstoles y en sus enseñanzas.

actividades

18 Tras leer el texto puedes contestar estas preguntas.

a) ¿Quién fundó la Iglesia?
b) ¿Cuál es la misión de la Iglesia?
c) ¿Cómo ayuda la Iglesia a sus hijos a ser buenos cristianos?

19 Completa adecuadamente estas frases.

- La evangelización es responsabilidad de...
- La Iglesia de Jesucristo es... (cuatro características).

20 Aprende de memoria las respuestas (41) y (44) de *Jesús es el Señor.*

¿Qué es la Iglesia?
La Iglesia es la gran familia de los que creen en Jesús y lo siguen; unida por los mismos Sacramentos, tiene como Pastores a los sucesores de los Apóstoles.
¿Cuál es la misión de la Iglesia?
La misión de la Iglesia es continuar la obra de Jesús en el mundo hasta el final de los tiempos.

5 La alabanza a Dios

Presentación de las ofrendas

imágen

Terminada la **Liturgia de la Palabra** el sacerdote se dirige al altar y empieza la **Liturgia de la Eucaristía**.

El pan y el vino son llevados al altar. El sacerdote eleva un poco el pan y lo presenta a Dios diciendo: *Bendito seas, Señor, Dios del universo, por este pan* [...].

Después, presenta el cáliz: *Bendito seas, Señor, Dios del universo, por este vino* [...].

Todos dicen: ***Bendito seas, por siempre, Señor.***

Después el sacerdote se limpia las manos como signo de limpieza interior.

Antes de empezar

- ¿Te has fijado?
  - ¿Cómo es el pan que se lleva al altar para celebrar la Eucaristía?
  - ¿Qué pone el sacerdote dentro del cáliz?
  - ¿Por qué se usa pan y vino en la celebración de la Eucaristía?
  - ¿Sabes para qué es el dinero de la colecta que se hace durante la presentación de las ofrendas?

Fruto de la tierra y del trabajo de los hombres

Junto al pan y al vino cada uno presenta el esfuerzo y las ilusiones de toda la semana para que Dios lo transforme y lo haga santo.

Puestos en pie, el sacerdote dice:
–*Orad, hermanos, para que este sacrificio mío y vuestro, sea agradable a Dios, Padre todopoderoso.*
–***El Señor reciba de tus manos este sacrificio, para alabanza y gloria de su nombre, para nuestro bien y el de toda su santa Iglesia.***

El sacerdote pronuncia con las manos extendidas la **oración sobre las ofrendas** y todos dicen: ***Amén.***

Prefacio

oración

Empieza ahora la **plegaria eucarística** con este diálogo entre el sacerdote y los fieles:

–*El Señor esté con vosotros.* –***Y con tu espíritu.***
–*Levantemos el corazón.* –***Lo tenemos levantado hacia el Señor.***
–*Demos gracias al Señor, nuestro Dios.* –***Es justo y necesario.***

Y el sacerdote reza el **Prefacio**, una acción de gracias a Dios que varía según la fiesta que se celebra. El Prefacio termina con este himno de alabanza: ***Santo, Santo, Santo es el Señor, Dios del Universo.***

Todo lo que hacemos y sentimos podemos ofrecérselo a Dios

Nuestros estudios

Nuestros juegos

Nuestras alegrías y tristezas

Las ofrendas

En la Misa se ofrece a Dios pan y vino, para que se conviertan en el Cuerpo y la Sangre de Jesús.

El sacerdote despliega el **corporal**, una tela blanca cuadrada, que ha sido lavado y planchado cuidadosamente. Sobre el corporal coloca la **patena** (el platillo de metal donde se coloca el pan) y el **cáliz** (la copa donde se pone el vino mezclado con un poco de agua).

Se procura que la patena y el cáliz sean de un material precioso porque estarán en contacto con el Cuerpo y la Sangre de Cristo.

piensa y observa

› ¿En qué parte del altar el sacerdote coloca el corporal?

› Explica cómo son el cáliz y la patena que normalmente se utilizan en una iglesia que conozcas (Material, forma, colores, etc.).

Otros objetos de la Misa

Vinajeras: recipiente que contiene el vino y el agua que se llevan al altar.

Copón: copa metálica con tapa donde se guardan las Sagradas Hostias para distribuirlas durante la Comunión y para conservarlas dentro del Sagrario.

Palia: pieza de tela rectangular que cubre el cáliz para que no entre nada dentro.

Purificador: paño que utiliza el sacerdote para limpiar el cáliz después de comulgar.

piensa

› Fíjate en la función de la palia y del purificador. ¿Por qué es importante que no queden partículas del pan consagrado y gotas del vino consagrado? Cuerpo del Señor (antes pan) y Sangre del Señor (antes vino) después de comulgar?

1. Escribe de manera ordenada los siguientes momentos del inicio de la Liturgia de la Eucaristía.

prefacio / presentación del vino / oración sobre las ofrendas
presentación del pan / Santo, santo, santo… / purificación de las manos

2. Relaciona las palabras de la izquierda con las frases de la derecha.

Presentación de las ofrendas

Prefacio

Estamos de pie.
Pan y vino.
Al final se canta el «Santo, santo, santo…»
Es una acción de gracias.
Fruto de la tierra y de nuestro trabajo.
Representan nuestro esfuerzo.

3. Las siguientes frases las dice el sacerdote. Complétalas con la respuesta del pueblo.

- El Señor esté con vosotros: ▶ .
- Levantemos el corazón: ▶ .
- Demos gracias al Señor, nuestro Dios: ▶.

4. Copia estos globos de diálogo y escribe o dibuja quién habla: el sacerdote, los fieles o ambos.

Bendito seas Señor, Dios del universo, por este pan…

Levantemos el corazón.

Lo tenemos levantado hacia el Señor.

Demos gracias al Señor, nuestro Dios.

Es justo y necesario.

Santo, santo, santo es el Señor, Dios del universo.

¡Hosanna en el cielo!

5. Dibuja un altar en el que se vean los siguientes elementos (escribe al lado su nombre).

cáliz / copón / corporal / patena / palia / purificador

San José (19 de marzo)
San José es un santo muy importante. Recuerda que Jesús es Hijo de Dios, no de un hombre. Pero Dios escogió a José para que fuera el esposo de María e hiciera de padre de Jesús. ¡Imagínate lo bueno que debía de ser para que Dios le encomendara esta misión! Por ese motivo, en el cielo, Dios siempre le escucha.

Anunciación del Señor (25 de marzo)
En este día se celebra que el Hijo de Dios se hizo hombre. Sucedió cuando María, después de escuchar el anuncio del ángel, confió en el Señor y dijo sí a sus planes.

Inicio de la Cuaresma (Miércoles de ceniza)
Faltan 40 días para el domingo de Pascua. Empieza la Cuaresma. Siempre se celebra en miércoles. Para recordar que somos muy poca cosa se impone un poquito de ceniza en la frente. Por eso lo llamamos miércoles de ceniza.

piensa

- El día de san José es un día importante para los cristianos. ¿Sabes por qué? ¿Conoces alguna costumbre popular de la fiesta de san José?
- El 25 dc marzo, ¿cuántos meses faltan para el día de Navidad? ¿Sabes por qué?
- ¿Cuál es el color de la Cuaresma? ¿Recuerdas por qué?
- ¿Qué nos quiere recordar la ceniza que se impone en el inicio de la Cuaresma?

canción

Cantamos

Santo, Santo, Santo es el Señor

Santo, Santo, Santo es el Señor,
Dios dcl Universo.
Llenos están el cielo y la tierra
de tu gloria.

Hosanna en el cielo.
Bendito el que viene en nombre
del Señor.
Hosanna en el cielo.

Un Padre misericordioso

El Antiguo Testamento era una preparación para recibir el mensaje de Jesús. Pues bien, este es el gran mensaje que Jesús vino a traer a la humanidad: Dios es un Padre lleno de misericordia, que ama a cada persona infinitamente.

Para que todos lo entendieran, Jesús enseñaba por medio de parábolas o comparaciones. Tres de ellas reciben precisamente el nombre de **parábolas de la misericordia**, o parábolas del perdón.

La oveja perdida (Lc 15, 3-7)
Un pastor tenía cien ovejas y perdió una, guardó las noventa y nueve restantes y fue en busca de la descarriada. La encontró y lo celebró con sus amigos. Y concluye: «Habrá más alegría en el cielo por un solo pecador que se convierta que por noventa y nueve justos que no necesitan convertirse».

La moneda perdida (Lc 15, 8-10)
Una mujer tenía diez monedas y perdió una. Encendió una lámpara, barrió la casa y buscó hasta encontrarla, y lo celebró con sus amigas. Y concluye: «La misma alegría tendrán los ángeles de Dios por un solo pecador que se convierta».

El hijo pródigo (Lc 15, 11-32)
Un hijo pidió a su padre su parte de la herencia, se marchó lejos y malgastó todos sus bienes. Hambriento y triste decidió volver. Su padre lo vio llegar, lo abrazó, lo cubrió de besos y organizó una fiesta: «Era preciso celebrar un banquete y alegrarse, porque este hijo mío estaba muerto y ha revivido; estaba perdido y lo hemos encontrado».

Jesús enseñaba que Dios, infinitamente santo y misericordioso, está siempre dispuesto a perdonar la maldad de los hombres. Eso no significa que el pecado no exista o no sea un mal, sino que Dios se alegra cuando el hombre reconoce su pecado, y le perdona.

actividades

6 Sobre las tres parábolas de la página anterior, contesta las siguientes preguntas.

a) ¿Qué tienen en común la reacción de los tres protagonistas?
b) ¿A quién representan el pastor, la mujer y el padre?
c) ¿A quién representan la oveja, la moneda y el hijo?
d) ¿Cuál es la enseñanza de Jesús?

7 Lee la parábola del fariseo y el publicano en Lc 18, 9-14.

a) Dibuja a los dos protagonistas, cada uno con su actitud corporal.
b) Hazles hablar, como si fuera un cómic, con las palabras que dice el Evangelio.
c) Escribe debajo la frase final de Jesús.

8 En grupos, escribid una de estas cuatro parábolas pero como si ocurrieran en la actualidad. Primero leed la parábola entera en el Evangelio para fijaros en todos los detalles.

9 Observa esta imagen y explica quién es y qué hace cada personaje de la escena.

El amor a la familia

Vivió en Nazaret, obedeciéndolos

En la unidad anterior leíste que Jesús subió a Jerusalén con sus padres cuando tenía doce años. Después de que María y José lo encontraran en el templo, el Evangelio dice lo siguiente:

Él bajó con ellos y se fue a Nazaret y estaba sujeto a ellos [...]. *Y Jesús iba creciendo en sabiduría, en estatura y en gracia ante Dios y ante los hombres.*

Lc 2, 51-52

Escultura de Jesús trabajando en el taller de san José.

Jesús crecía como uno más de los niños de su pueblo, obedeciendo a María y a José. De esta forma daba ejemplo de cómo debemos comportarnos con nuestros padres.

La Sagrada Familia de Nazaret es un modelo para todas las familias cristianas: para los padres y para los hijos.

Muchos años más tarde, al inicio de su vida pública, Jesús asistió con su madre y sus discípulos a una boda en un pueblo de Galilea llamado Caná, donde hizo su primer milagro. Su presencia en esa boda muestra que Jesús ama y bendice el matrimonio y la familia.

actividades

10 Lee el texto con atención y responde las preguntas.

a) ¿Quiénes son los miembros de la Sagrada Familia?
b) De la Sagrada Familia, ¿qué pueden aprender los padres?
c) De la Sagrada Familia, ¿qué pueden aprender los hijos?
d) ¿Qué muestra la presencia de Jesús en un banquete de bodas?

Honrarás a tu padre y a tu madre

Dios quiere que en la familia aprendamos a vivir, a relacionarnos, a amar, a cuidar a los más débiles, etc. La familia es muy importante para cada persona, y también para la sociedad y para la Iglesia. Si hay paz y amor en las familias, la sociedad será más solidaria.

La unidad y la paz en las familias la construyen día a día todos sus miembros.

- Los padres tienen el deber de amar y respetar a los hijos, porque son un don que Dios les confía. Deben ayudarlos en sus necesidades materiales y espirituales, y educarlos. Los padres cristianos, además, se comprometen a educar a sus hijos en la fe.
- Los hijos tienen el deber de honrar y respetar a sus padres, porque de ellos recibieron el don de la vida. También tienen el deber de obedecerlos, porque Dios dio a los padres esa autoridad. Cuando los hermanos se aman entre ellos también contribuyen al bien de la familia.

El cuarto mandamiento incluye también el respeto y la obediencia a las personas que tienen autoridad y trabajan por nuestro bien en el colegio, en la ciudad, etc.

actividades

11 Reflexiona y responde estas preguntas.

a) ¿Por qué los padres tienen el deber de amar y respetar a sus hijos?
b) ¿Por qué los hijos tienen el deber de respetar y obedecer a sus padres?
c) ¿Por qué los hermanos deben amarse entre ellos?

12 Además de los padres, piensa en otras personas concretas a quienes hay que honrar y respetar por su autoridad, tanto de la familia como de fuera de ella.

13 Aprende de memoria el cuarto mandamiento y lo que exige.

> El cuarto mandamiento de la ley de Dios es «Honrarás a tu padre y a tu madre».
>
> El cuarto mandamiento exige honrar y respetar a nuestros padres, y a todos aquellos a quienes Dios ha investido de autoridad para nuestro bien. (Catecismo *Testigos del Señor*)

El respeto y la obediencia

Respetar y obedecer a los padres es un deber de cualquier hijo. Los hijos e hijas cristianos, además, cuando aman y obedecen a sus padres imitan a Jesús, que amaba y obedecía a los suyos.

Debemos tratar con respeto a nuestros padres porque son los que Dios quiso para nosotros. Eso significa tratarlos con cariño, darles alegrías, evitarles disgustos y rezar por ellos. En cambio, contestar mal, gritar, insultar son graves faltas de respeto y debemos pedir perdón.

Debemos obedecer a nuestros padres porque su autoridad viene de Dios. Eso significa cumplir sus mandatos y encargos, como hacía Jesús. De esta forma, ayudamos a que en la familia reine la paz y la unidad.

Dios se alegra cuando se trata así a los padres. En cambio, hay que pedirle perdón cuando no respetamos o no obedecemos a nuestros padres, porque ellos lo representan en la tierra.

Jesús siempre obedeció a su madre María, a san José y a su padre Dios.

actividades

14 ¿Debemos obedecer y respetar a nuestros padres? Piensa y explica la respuesta.

15 Señala en cuáles de las siguientes situaciones cumplimos el cuarto mandamiento y en cuáles no.

a) Te quejas de mala manera de la cena.
b) Criticas a tus padres delante de tus amigos.
c) Ordenas tu habitación cuando te lo piden.
d) Insultas a tu hermano.
e) Agradeces a quien preparó tu comida.
f) No escuchas los consejos de tu madre.
g) Respetas a tus maestros.
h) Obedeces a tus abuelos.
i) Ayudas a tu hermana a hacer los deberes.
j) Rezas dando gracias a Dios por tu familia.

16 ¿Te parece que el cuarto mandamiento es fácil de cumplir? Podéis comentar esta pregunta en grupos y elaborar una conclusión para exponer en clase.

San Juan Bosco

vídeo

Nació cerca de Turín (Italia). Su madre lo educó muy cristianamente. Eran muy pobres y tuvo que pedir limosna para poder ir a estudiar a la ciudad y hacerse sacerdote.

Acogía a los niños y jóvenes que andaban perdidos por las calles de Turín, sin trabajo y sin estudios. Él les daba educación, les enseñaba el catecismo y los hacía reír.

Su madre, *mamma* Margherita, lo ayudaba en todo. Cada vez venían más chicos, y tuvo que abrir otras casas. Enseñaba oficios a los chicos para que pudieran trabajar.

Don Bosco no podía con todo. Fundó la Congregación Salesiana para extender aquella familia a jóvenes de todo el mundo y confió su obra a María Auxiliadora.

actividades

17 Lee la historia de san Juan Bosco y responde las preguntas siguientes.

a) ¿Por qué decimos que los chicos que iban con Don Bosco encontraron en él una familia? ¿Dónde aprendió él la importancia del amor familiar y de la educación cristiana?

b) ¿Por qué te parece que san Juan Bosco se complicó la vida de esta manera? ¿De qué manera continúa hoy su obra?

Dios Hijo

El hijo de la viuda de Naím

El Evangelio cuenta que Jesús iba camino de Jerusalén, acompañado de sus discípulos y de mucha gente. Al acercarse a un pueblo llamado Naím, sucedió lo siguiente:

Cuando se acercaba a la puerta de la ciudad, resultó que sacaban a enterrar a un muerto, hijo único de su madre, que era viuda; y un gentío considerable de la ciudad la acompañaba. Al verla el Señor se compadeció de ella y le dijo: «No llores». Y acercándose al ataúd, lo tocó (los que lo llevaban se pararon) y dijo: «¡muchacho, a ti te lo digo: levántate!». El muerto se incorporó y empezó a hablar, y se lo entregó a su madre.

Resurrección de Lázaro, de Fra Angélico. Siglo XV.

Todos, sobrecogidos de temor, daban gloria a Dios, diciendo:

«*Un gran profeta ha surgido entre nosotros*», y «*Dios ha visitado a su pueblo*».

Lc 7, 11-16

Cuando su amigo Lázaro murió, Jesús también lloró con sus hermanas, porque lo quería mucho. Pero a continuación fue al sepulcro, oró delante de la entrada y dijo con fuerte voz: «*Lázaro, sal afuera*». Y el muerto salió del sepulcro, envuelto en un sudario. La escena termina con estas palabras: «*Y muchos judíos que habían venido a casa de María, al ver lo que había hecho Jesús, creyeron en él.*

Adaptación de Jn 11, 17-45

Las dos escenas muestran los sentimientos humanos de Jesús y su poder como Dios.

actividades

18 Lee con atención la primera escena.

a) ¿Qué frase indica el sentimiento humano de Jesús?
b) ¿Qué hecho demuestra su poder como Dios?

19 Lee con atención la segunda escena.

a) ¿Qué demuestra el hecho de que Jesús llorara?
b) ¿Por qué crees que en las dos escenas la gente reacciona creyendo en Jesús?

Jesús, Dios y hombre

vídeo

Jesús era un **hombre** como los demás: tenía hambre y sed, reía y lloraba, se cansaba, tenía sueño, tenía amigos. Igual que todos. Pero a diferencia de los demás, en él no había ninguna falta ni pecado. Y no los había porque, al mismo tiempo, Jesús también era **Dios**, como demuestran sus obras.

Esta es una de las verdades principales de la fe cristiana: que Jesús de Nazaret es el **Hijo de Dios**, la segunda Persona de la Santísima Trinidad, que **se hizo hombre** para nuestra Salvación.

Es un misterio muy grande y hermoso. Jesús, viviendo entre sus vecinos, era **verdadero Dios y verdadero hombre**. De ese modo enseñó que la vida diaria, el trabajo, la familia, los amigos y todo lo que forma parte de la vida humana, es bueno e importante para Dios.

Como Dios, el Hijo existía desde siempre; como hombre, empezó a existir al encarnarse en las entrañas de la **Virgen María**, según el anuncio del ángel: «*concebirás en tu vientre y darás a luz un hijo, y le pondrás por nombre Jesús. Será grande, se llamará Hijo del Altísimo*».

Lc 1, 31-32

Adoración del Niño Jesús,
de G. van Honthorst. Siglo XVII.

actividades

20 Recuerda el Ángelus. ¿Cuál de las siguientes frases decimos en esa oración?

a) El Espíritu Santo se hizo hombre y habitó entre nosotros.
b) El hombre se hizo Hijo de Dios y habitó entre nosotros.
c) El Hijo de Dios se hizo hombre y habitó entre nosotros.

21 Contesta en tu cuaderno las siguientes preguntas.

a) ¿Hace cuánto tiempo que el Hijo de Dios se hizo hombre?
b) ¿El Hijo de Dios ya existía antes de hacerse hombre?
c) ¿Cuándo empezó a ser también hombre el Hijo de Dios?

22 Aprende de memoria las respuestas (24) y (25) de *Jesús es el Señor.*

¿Quién es Jesucristo?
Jesucristo es el Hijo de Dios hecho hombre, nacido de la Virgen María por obra y gracia del Espíritu Santo. Es verdadero Dios y verdadero hombre.
¿Quién es la Virgen María?
La Virgen María es la Madre de Jesús y Madre nuestra, concebida sin pecado original, que está en el Cielo en cuerpo y alma.

6 El sacrificio de Cristo

Plegaria eucarística

La **plegaria eucarística** es la oración central de la Misa. El sacerdote, con los brazos extendidos, se dirige a Dios Padre en nombre de Jesucristo.

Los fieles siguen interiormente sus palabras para dar gracias a Dios, bendecirle y alabarle.

El sacerdote extiende las manos sobre el pan y el vino, traza sobre ellos la señal de la Cruz y pide la acción del Espíritu Santo:
– *De manera que sean Cuerpo y Sangre de Jesucristo, nuestro Señor.*

Y recuerda los gestos de Jesús durante la última cena:
–*Tomó pan y, dando gracias, lo partió y lo dio a sus discípulos diciendo* […].

Antes de empezar

- Pensamos un poco:
  - ¿Sabes cuál es el momento más importante de la celebración de la Eucaristía?
  - ¿Recuerdas, más o menos, las palabras de la Consagración? ¿Sabes qué sucede en ese momento?
  - ¿Qué puede significar el gesto del sacerdote al extender los brazos durante la Misa?

Consagración

El sacerdote pronuncia claramente las palabras de Jesús: *Tomad y comed todos de él, porque esto es mi Cuerpo que será entregado por vosotros.* Y lo alza para que todos lo vean y lo adoren.

Después hace lo mismo con el cáliz: *Tomad y bebed todos de él, porque éste es el cáliz de mi Sangre, Sangre de la Alianza nueva y eterna* [...].

Y añade: *Haced esto en conmemoración mía.*

Cuando el sacerdote alza el Cuerpo y la Sangre de Cristo se puede decir interiormente: «Señor mío y Dios mío».

El pan y el vino son ya el Cuerpo y la Sangre de Jesús. El sacerdote adora a Jesús con una genuflexión pausada.

Final de la plegaria eucarística

Jesús se ha hecho presente en el altar, bajo la apariencia de pan y de vino.

–*Este es el misterio de nuestra fe.*

–***Anunciamos tu muerte, proclamamos tu resurrección. Ven, Señor Jesús.***

Prosigue la plegaria eucarística. Se pide por la Iglesia, por el Papa y el obispo, por todos los obispos y por todos los fieles, vivos y difuntos.

La plegaria se acaba. El sacerdote alza la patena y el cáliz, y dice solemnemente: *Por Cristo, con él y en él, a ti, Dios Padre omnipotente, en la unidad del Espíritu Santo, todo honor y toda gloria por los siglos de los siglos.*

Y todos se unen diciendo: ***Amén***.

Los libros

En la Misa se utilizan principalmente dos libros: el **misal** y el **leccionario**.

- En el misal se recogen todas las palabras que ha de pronunciar el sacerdote durante la celebración de la Eucaristía. Los gestos que ha de hacer en cada momento aparecen en color rojo. El sacerdote no se inventa lo que dice y hace, sino que sigue exactamente lo que está escrito. Por ese motivo, en las Misas que se celebran en todo el mundo se dicen siempre las mismas palabras, aunque en idiomas diferentes.

- En el leccionario se recogen las lecturas de la Biblia para cada día del año.

piensa

- ¿Cuál de los dos libros se utiliza durante la liturgia de la Palabra?
- ¿Y durante la liturgia de la Eucaristía?

El Papa

El apóstol Pedro fue el primer obispo de Roma, ciudad donde murió mártir. Jesús había encomendado a Pedro la misión de ser la cabeza de los Apóstoles. Por eso los primeros cristianos trataban siempre de estar muy unidos a él.

Desde entonces, el sucesor de san Pedro como obispo de Roma es el Papa. **Es el pastor de toda la Iglesia**, y los obispos de todo el mundo colaboran con él.

Los cristianos son de lenguas, razas y culturas muy diversas, pero todos tienen un «padre común» que es el Papa.

piensa

- ¿Sabes cómo se llama el actual obispo de Roma? ¿Lo has visto alguna vez?
- En una reunión de obispos, ¿cómo identificarías al Papa?
- ¿Te has fijado durante la Misa si se pide por el Papa?

1. Justo antes de decir las palabras de la Consagración, el sacerdote recuerda los gestos que hizo Jesús durante la Última Cena. Son los siguientes, pero figuran desordenados. Escríbelos en el orden correcto.

   Dar gracias / Partir el pan / Coger el pan / Darlo a los discípulos

2. En esta parte de la Misa, el celebrante hace muchos gestos plenos de significado. Completa las frases de la izquierda con el final adecuado de la derecha.

Extiende los brazos...	Para que podamos verlo y adorarlo.
Extiende las manos sobre el pan...	Para consagrar el Cuerpo de Cristo.
Extiende las manos sobre el vino...	Para pedir que el Espíritu Santo descienda.
Toma el pan con las manos...	Durante la Plegaria Eucarística.
Eleva el pan...	Al final de la Plegaria Eucarística.
Coge el cáliz con las manos...	Para adorar a Jesús.
Eleva el cáliz...	Para que podamos verlo y adorarlo.
Hace una genuflexión pausada...	Para consagrar la Sangre de Cristo.
Alza la patena y el cáliz...	Para pedir que el Espíritu Santo descienda.

3. Completa las siguientes frases con las palabras que faltan.

   - Anunciamos tu ▶, proclamamos tu ▶, ▶, Señor ▶.
   - Por ▶, con Él y en Él, a ti, Dios ▶ omnipotente, en la unidad del ▶, todo ▶ y toda ▶ por los siglos de los siglos.

4. Copia estos globos de diálogo y escribe o dibuja quién habla: el sacerdote, los fieles o ambos.

   - Anunciamos tu muerte, proclamamos tu resurrección. ¡Ven, Señor Jesús!
   - Por Cristo, con Él y en Él...
   - Tomad y comed todos de Él, porque esto es mi Cuerpo, que será entregado por vosotros.
   - Haced esto en conmemoración mía.
   - ¡Amén!

5. Completa estas frases con la palabra que falta.

   - El Apóstol Pedro fue el primer obispo de ▶.
   - Pedro tenía la misión de ser el principal de los ▶.
   - El ▶ es el sucesor de san Pedro como obispo de Roma.
   - El Papa es el principal de toda la ▶, con la colaboración de los ▶.

Semana Santa

Cada año, durante la Semana Santa se reviven los hechos de la Pasión, Muerte y Resurrección de Cristo. Para los cristianos, son los días más importantes del año, por eso hay que prepararse interiormente durante los cuarenta días de la **Cuaresma**.

Domingo de Ramos

Se celebra la entrada de Jesús en Jerusalén. Se bendicen las palmas y se lee el relato de la Pasión.

Jueves Santo

Se recuerda la institución de la Eucaristía durante la Última Cena. Se adora especialmente la Eucaristía.

Viernes Santo

Se hace presente la Pasión y la Muerte de Jesús. Se lee la Pasión y se adora a la Cruz de Jesús.

Domingo de Pascua

Se celebra la Resurrección de Jesús. En la vigilia pascual de la noche se enciende el cirio pascual y se bendice el agua para los bautizos. Es la fiesta más grande del año.

piensa

- ¿Por qué la Semana Santa es tan importante para los cristianos?
- ¿Has visto una procesión de Semana Santa? Descríbela.
- ¿Por qué la Pascua es la fiesta más importante del año?

Cantamos

Una espiga

Una espiga dorada por el sol,
el racimo que corta el viñador,
se convierten ahora en pan y vino de amor,
en el Cuerpo y la Sangre del Señor. (bis)

Compartimos la misma comunión,
somos trigo del mismo sembrador,
un molino, la vida nos tritura con dolor;
Dios nos hace Eucaristía en el amor. (bis)

Jesús, el Buen Pastor

En la unidad anterior viste cómo Jesús hablaba del perdón de Dios. Ahora veremos cómo Jesús también trae el perdón de Dios con sus acciones.

Jesús fue a comer a casa de Leví, considerado un pecador por sus vecinos. Al banquete asistían sus amigos, pecadores como él. Todos criticaban a Jesús, y él dijo: «No necesitan médico los sanos, sino los enfermos. No he venido a llamar a los justos, sino a los pecadores a que se conviertan». (Lc 5, 31)

En una ocasión le trajeron a una mujer a la que querían castigar por su pecado. Jesús les hizo ver que también ellos eran pecadores y dijo a la mujer: «Tampoco yo te condeno. Anda, y en adelante no peques más». (Adaptación de Jn 8, 3-12)

Una mujer pecadora se acercó a Jesús arrepentida y se puso a regarle los pies con sus lágrimas y a secárselos con sus cabellos. Los presentes criticaban que Jesús lo permitiera. Entonces les dijo: «Sus muchos pecados han quedado perdonados, porque ha amado mucho». Y dijo a la mujer: «Tu fe te ha salvado, vete en paz». (Adaptación de Lc 7, 36-50)

Los leprosos no podían vivir en contacto con la sociedad por su enfermedad. Se le acercó uno a Jesús diciéndole: «Señor, si quieres, puedes limpiarme». Jesús extendió la mano y lo tocó diciendo: «Quiero, queda limpio». (Adaptación de Lc 5, 12-16)

Un ciego pedía limosna junto al camino. Oyendo que pasaba Jesús, se puso a gritar: «Hijo de David, Jesús, ten compasión de mí». Jesús le dijo: «Anda, tu fe te ha salvado», y recobró la vista. (Adaptación de Mc 10, 46-52)

Jesús, Dios hecho hombre, tiene los brazos abiertos a todos los que tienen enfermedades, del cuerpo o del alma, siempre y sin excepción.

actividades

6 Busca en el Evangelio los siguientes versículos y escríbelos en tu cuaderno. Después, elige uno de ellos, dibuja la escena y escribe la frase junto al dibujo.

Mc 8, 2 | Mc 10, 14 | Lc 4, 40

7 Busca en el Evangelio las siguientes escenas y escribe las palabras exactas que Jesús dirige a los personajes señalados.

Mc 2, 1-12	un paralítico	
Mc 5, 25-34	una mujer enferma	
Lc 19, 1-10	Zaqueo	
Lc 23, 39-43	un malhechor	

8 ¿Qué te parece que transmiten todas las palabras de Jesús que has escrito en el ejercicio anterior?

9 Lee estas palabras del Papa Francisco. ¿Cómo crees que se puede recibir hoy, al cabo de veinte siglos, la salvación y la luz de Jesús?

Jesús no es un personaje del pasado: también hoy sigue iluminando el camino del hombre.

Papa Francisco
8.II.2015

Jesús ha venido a salvarnos: no rechacemos este maravilloso don.

Papa Francisco
6.I.2015

El respeto a la vida

Amad a vuestros enemigos y orad por quienes os persiguen

En el sermón de la montaña Jesús habló mucho del amor al prójimo:

Habéis oído que se dijo a los antiguos: «No matarás», y el que mate será reo de juicio. Pero yo os digo: todo el que se deja llevar de la cólera contra su hermano será procesado.

Mt 5, 21-22

Amad a vuestros enemigos y rezad por los que os persiguen, para que seáis hijos de vuestro Padre celestial, que hace salir su sol sobre malos y buenos, y manda la lluvia a justos e injustos.

Mt 5, 44-45

Si perdonáis a los hombres sus ofensas, también os perdonará vuestro Padre celestial.

Mt 6, 14

Todo lo que queráis que haga la gente con vosotros, hacedlo vosotros con ella; pues esta es la Ley y los Profetas.

Mt 7, 12

Jesús amó y sirvió siempre a todos. Y desde la cruz, dijo:

Padre, perdónalos, porque no saben lo que hacen.

Lc 23, 34

actividades

10 Lee el texto con atención y responde las preguntas.

a) Para Jesús, ¿no matar quiere decir solamente no quitar la vida? Explícalo.
b) ¿Jesús acepta la venganza para responder al mal que nos han hecho?
c) ¿A quién nos parecemos si perdonamos y amamos a nuestros enemigos?
d) ¿A quiénes se refiere Jesús en sus palabras desde la cruz? ¿De qué nos da ejemplo?

No matarás

La vida es el don más grande que Dios nos ha dado. Y nos lo dio a todos. Él quiso expresamente la vida de todas y cada una de las personas, por eso todas las vidas son igualmente sagradas y merecen el mismo respeto. No hay una vida más importante que otra.

El quinto mandamiento manda respetar, amar y defender la vida humana. Atentar contra la vida propia o ajena es atentar contra Dios porque él ama infinitamente a cada hombre y a cada mujer, a quienes dio la existencia.

Por eso las siguientes acciones son gravemente contrarias a la voluntad de Dios:

- El homicidio: matar voluntariamente a otra persona, si no es en legítima defensa.
- El suicidio: quitarse la vida a uno mismo.
- El aborto: matar a una criatura antes de que nazca.
- Las mutilaciones y torturas: dañar el propio cuerpo o el de los demás.
- Los atentados contra la propia salud o la de los demás: tomar o distribuir drogas, conducir temerariamente, etc.

actividades

11 Piensa e indica si las siguientes afirmaciones son verdaderas o falsas.

	V	F
No tomar los medicamentos que necesito para curarme son contrarios al quinto mandamiento.		
No pasa nada si pongo mi vida en peligro: es mía.		
Mientras no le haga daño, no es pecado pegar a un hermano o compañero.		
Debemos tratar bien a todo el mundo, no sólo a quienes son como nosotros.		
La prudencia al cruzar la calle es una manera de respetar la vida.		

12 Aprende de memoria.

El quinto mandamiento es «No matarás».

El quinto mandamiento exige respetar, proteger y cuidar siempre la vida y la salud de toda persona, desde su concepción hasta su muerte natural. También la propia salud y la propia vida. (Catecismo *Testigos del Señor*)

«Cuidémonos los unos a los otros. Cuídense entre ustedes, no se hagan daño. Cuiden la vida, cuiden la familia, cuiden la naturaleza, cuiden a los niños, cuiden a los viejos.» (Papa Francisco)

Comprender, amar y perdonar

Como has leído antes, Jesús no quiere que nos conformemos con «no matar» o «no hacer daño a nadie». Eso es el mínimo. Jesús enseñó a amar a todos, sin distinciones, incluso a los posibles enemigos. Esa es su gran enseñanza y lo que sus discípulos tienen que sembrar por todo el mundo, aunque cueste.

Para ello hay que evitar los sentimientos de odio (desear el mal para otros) o de venganza (devolver mal por mal), que son la causa de tanta violencia. Hay que arrancar estos malos deseos antes de que crezcan y dominen el corazón. Comprender y aceptar a los que son diferentes de nosotros, perdonar a quien nos ha ofendido, ayudar al más necesitado, etc., son victorias del bien sobre el mal, que hacen mejores y asemejan a Jesús.

Para que haya paz en el mundo debe haber justicia y respeto a los derechos y dignidad de las personas y las naciones. La Iglesia trabaja para que este mensaje de paz y justicia sea realidad en todas partes.

actividades

13. Clasifica las siguientes palabras en dos grupos. Después piensa y escribe un título para cada grupo.

    paz / respeto / odio / amor / perdón / venganza
    abuso / servicio / violencia / desprecio

14. Podéis elaborar un mural de libre creación con el mismo título que este apartado. Pegad fotografías, dibujos o noticias de prensa que ilustren estas ideas. Junto a las ilustraciones podéis copiar frases del texto o escribir frases vuestras.

15. Forma una frase con cada grupo de palabras, en el orden que prefieras.

    - amar / necesitados / todos
    - perdonar / cristiano / enemigos
    - paz / justicia / rezar

Beata Teresa de Calcuta

vídeo

La Beata Teresa nació en Macedonia. Colaboraba en su parroquia con otras chicas. Decidió consagrarse a Dios como religiosa y se fue a trabajar a la India.

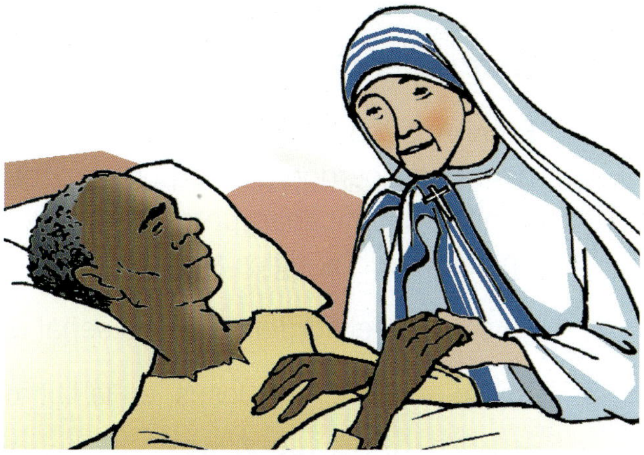

Dios le inspiró la fundación de las Misioneras de la Caridad, para cuidar los más pobres entre los pobres. Con dos hermanas más recogían moribundos abandonados por las calles.

Muchas chicas siguieron el ideal de la Beata Teresa. Crecieron y extendieron su labor a otras naciones, cuidando leprosos, moribundos, niños, ancianos, enfermos, etc.

La Beata Teresa dedicaba mucho tiempo a la oración ante la Eucaristía, para que Dios le diera fuerzas para continuar ayudando a todo el mundo. Si lo hacían, era por amor a Dios.

actividades

16 Lee la historia de la Beata Teresa y responde las preguntas siguientes.

a) ¿La Beata Teresa de Calcuta ayudaba solamente a quienes, como ella, eran cristianos? ¿Por qué lo hacía?

b) ¿De dónde sacaba la fuerza para servir a los necesitados?

c) Ya has visto lo que hacía la Beata Teresa por los más pobres. Según esto, ¿qué valor te parece que daba a la vida humana?

La redención

Este es el Cordero de Dios, que quita el pecado del mundo

En el Antiguo Testamento, los israelitas sacrificaban corderos en el templo de Jerusalén para pedir perdón a Dios por los pecados del pueblo. Durante la fiesta de la Pascua, las familias sacrificaban un cordero en conmemoración de la liberación de la esclavitud en Egipto, muchos siglos antes.

La sangre del cordero era una señal de la Alianza entre Dios y su pueblo.

Así se entiende que Jesús, en la Última Cena, dijera estas palabras:

Esta es mi Sangre de la Alianza, que es derramada por muchos para el perdón de los pecados.

Mt 26, 28

En efecto, al día siguiente, en el Calvario, Jesús fue crucificado y su sangre fue derramada, tal como anunció la noche anterior.

Por eso, unos años antes, Juan Bautista, viendo que Jesús se acercaba, dijo:

Este es el Cordero de Dios, que quita el pecado del mundo.

Jn 1, 29

Adoración del Cordero Místico, de Jan Van Eyck. Siglo XV.

actividades

17 Lee el texto con atención y responde las preguntas.

a) ¿Con qué intención los israelitas del Antiguo Testamento ofrecían el sacrificio de un cordero?
b) ¿Recuerdas las palabras del sacerdote en la Consagración del vino en la Misa?
c) Cuando Jesús se subió al Calvario, ¿lo hizo contra su voluntad o lo aceptaba?
d) ¿Habías oído antes estas palabras de Juan Bautista?

Jesús, el Salvador

vídeo

Jesús podría haber evitado morir en la cruz, pero no lo hizo: Jesús ofreció su vida a Dios Padre como **sacrificio de redención**. Es decir, aceptó cumplir la pena que merecían todos los pecados de la humanidad, como un inocente que cumple la condena de otra persona para liberarla del castigo que merece.

Con el sacrificio de Jesús, **la humanidad recuperó la amistad con Dios**, que había perdido a causa del pecado original y de todos los demás pecados. Eso es lo que significa la palabra «**redención**» y por eso a Jesús lo llamamos Redentor o Salvador. Gracias a él los hombres pueden ser **hijos de Dios** e ir al cielo.

Los sacrificios del Antiguo Testamento eran un anuncio del futuro sacrificio redentor de Jesús.

Cristo crucificado, de Velázquez. Siglo XVII.

actividades

18 Responde las siguientes preguntas.

a) ¿La muerte de Jesús fue una muerte inútil? ¿Por qué tuvo tanto valor?
b) Pensando en la Redención, ¿qué actitud deberíamos tener hacia Jesús?

19 ¿En cuál de estos momentos se aplican los méritos de Jesús?

a) Cuando se nace.
b) Cuando se recibe el Bautismo.
c) Cuando se comulga.
d) Cuando se muere.

20 Fíjate en las palabras de la Consagración en la Misa.

a) ¿Para qué dice Jesús que será entregado su Cuerpo?
b) ¿Para qué dice Jesús que será derramada su Sangre?
c) ¿Cuándo fue entregado su Cuerpo y cuándo fue derramada su Sangre?

21 Aprende de memoria la respuesta (28) de *Jesús es el Señor.*

¿Por qué llamamos Salvador a Jesús?
Llamamos Salvador a Jesús porque, enviado por Dios Padre, quita el pecado del mundo y hace de todos los hombres una sola familia.

2.1 **1** Escribe debajo de cada dibujo la parte de la celebración de la Eucaristía a la que corresponde.

Plegaria Eucarística / Consagración / Presentación de las ofrendas / Profesión de fe

____

____

____

____

2.1 3.1 4.1 4.2 **2** Lee el siguiente texto del Antiguo Testamento y contesta las preguntas.

Contra ti, contra ti sólo pequé, cometí la maldad en tu presencia. / Aparta tu vista de mi pecado, borra en mí toda culpa. / Oh Dios, crea en mí un corazón puro, renuévame por dentro con espíritu firme.

a) ¿Quién escribió estas palabras?
b) ¿Qué expresaba al escribirlas?
c) ¿Qué había sucedido?
d) ¿Cuál es la enseñanza de este pasaje de la Biblia?

1.1 **3** Explica con tus palabras la parábola del fariseo y el publicano. Después señala brevemente cuál es su enseñanza.

2.1 **4** Observa esta imagen y explica con tus palabras lo que representa. Después señala brevemente cuál es la enseñanza de la parábola.

3.1 **5** ¿A quién dirigió Jesús estas palabras?

«Hijo, tus pecados te son perdonados. Levántate, coge tu camilla y vete a tu casa».	
«Hija, tu fe te ha salvado. Vete en paz y queda curada de tu enfermedad».	
«En verdad te digo: hoy estarás conmigo en el paraíso».	
«Quiero, queda limpio».	
«Tampoco yo te condeno. Anda, y en adelante no peques más».	

7 La oración de Jesús

Padre nuestro y rito de la paz

Se acerca el momento de recibir a Jesús en la Comunión. Como preparación, se reza la oración que él mismo enseñó: ***Padre nuestro, que estás en el cielo, santificado sea tu nombre*** [...].

Es hermoso rezar juntos esta oración, unidos a Jesús, presente en el altar.

El sacerdote invita a los presentes a desearse una paz verdadera. Es la paz que Jesús quiere en las familias, en los pueblos y ciudades, en cualquier lugar donde estén los hijos de Dios.

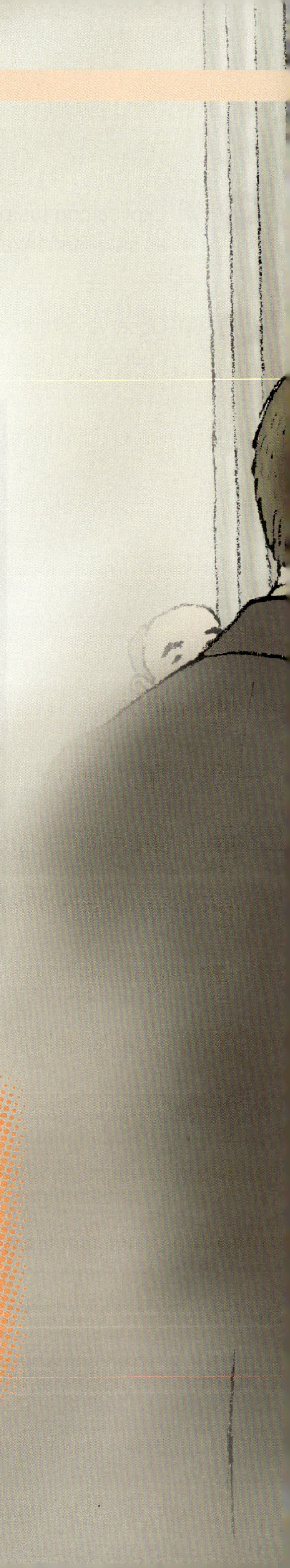

Antes de empezar

- Pensemos un poco:
  - Fíjate en el título de la unidad. ¿De qué momento podría tratarse?
  - ¿Sabes cuál es la oración más importante para un cristiano? ¿Por qué crees que es esa oración?
  - ¿Por qué se saluda con un gesto de paz antes de ir a comulgar?

Fracción del pan

Después el celebrante parte en silencio el pan, como hizo Jesús antes de repartirlo entre sus discípulos. Es un gesto muy antiguo: los primeros cristianos llamaban a la Eucaristía la «fracción del pan».

Como una familia reunida, todos comen del mismo pan que Cristo reparte. Jesús se entrega a cada uno de sus amigos y sus amigos han de estar dispuestos a entregarse a los demás.

El pan partido es también un signo del sacrificio de Cristo.

Cordero de Dios

Mientras el sacerdote parte el pan, se recita o se canta: ***Cordero de Dios, que quitas el pecado del mundo, ten piedad de nosotros. Cordero de Dios, que quitas el pecado del mundo, danos la paz.***

En Israel se sacrificaban corderos para pedir perdón a Dios por los pecados del pueblo. Jesús, como aquel animal inocente, carga sobre sí las culpas de todos y se ofrece en sacrificio para el perdón de los pecados. Por eso se le llama «Cordero de Dios».

La música

Todo lo que sucede durante la Misa es importante. Pero es un misterio que nuestros ojos no pueden captar. Por eso, a través de signos externos se intenta expresar la grandeza de lo que se celebra. El lugar, los objetos sagrados, la luz, las flores, la música, la ropa, los gestos, los silencios, todos son signos externos de lo que sucede internamente.

La música es muy importante en la Iglesia. No se trata de un espectáculo; sino que es oración hecha música. «Cantar es rezar dos veces.» Hay que esforzarse para hacerlo del mejor modo posible y con atención.

piensa

› ¿Cómo te parece que deberían ser los cantos en la Misa?

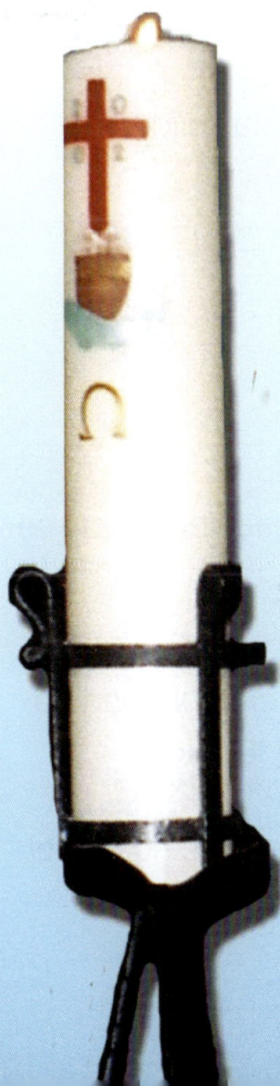

El cirio pascual

vídeo

Durante todo el tiempo de la Pascua, hay un cirio grande y hermoso encendido junto al ambón.

Este cirio se enciende por primera vez la noche de Pascua, con un fuego que se prende en el exterior de la iglesia mientras todo está a oscuras.

Una vez entra el cirio, con su llama se encienden las velas de los asistentes. Poco a poco la iglesia se va iluminando con su luz.

El cirio es un símbolo de Cristo, que es la Luz del mundo.

1 En la Misa, justo antes de ir a comulgar, se hacen cuatro cosas para prepararse. Son las siguientes, pero figuran desordenadas. Escríbelas en el orden correcto.

Cordero de Dios / Padrenuestro / fracción del pan / dar la paz

2 Recuerda la oración del Padrenuestro y completa el cuadro escribiendo a la derecha una sola palabra.

Que el de Dios venga a nosotros.	▶
Que Dios nos lo dé hoy.	▶
Nuestro Padre está allí.	▶
Que el de Dios sea santificado.	▶
Que Dios nos libre de todos.	▶
Que Dios no permita que caigamos.	▶
Que la de Dios se haga.	▶

3 Relaciona las frases de la izquierda con su final correcto. Todas tratan sobre el significado de la fracción del pan.

El sacerdote parte el pan como...	... y nosotros hemos de entregarnos a los demás.
Todos comemos del mismo pan...	... Jesús antes de repartirlo a sus discípulos.
Jesús se entrega por nosotros...	... de la muerte de Cristo en la Cruz.
El pan partido es un signo...	... porque somos miembros de una misma familia.

4 Escribe el momento correspondiente de la Misa (lo hemos visto en esta unidad).

Se dice o canta mientras el sacerdote parte el pan.	▶
Se da la mano o un beso.	▶
Se reza la oración que Jesús enseñó.	▶
El sacerdote parte el pan.	▶

5 Fíjate bien en el texto sobre el cirio pascual. Escribe por orden estas acciones que se hacen con el fuego la noche de Pascua.

- Se encienden las velas de la gente con la llama del cirio.
- La iglesia está a oscuras.
- Se entra el cirio encendido a la iglesia.
- La iglesia se va iluminando.
- Se enciende un fuego fuera de la iglesia y se bendice.
- Se enciende un cirio con el fuego que se ha bendecido.

Tiempo de Pascua

vídeo

Jesús ha resucitado. La fiesta de Pascua es tan importante que se sigue celebrando durante cincuenta días. Es un tiempo festivo y por eso se usa el color blanco. Durante las celebraciones de este tiempo estará encendido el cirio pascual y se escuchará a menudo la palabra Aleluya.

Ascensión (Cuarenta días después de Pascua)

Cuarenta días después de haber resucitado, Jesús volvió al cielo. Es lo que se celebra en esta fiesta. Jesús está en la gloria junto a Dios Padre, e intercede por todos ante él.

piensa

- La expresión *Aleluya* (de la lengua hebrea), ¿es una exclamación de alegría o de dolor? ¿Cómo lo sabes?
- ¿La partida de Jesús al cielo significa que se olvida de los hombres?

Pentecostés (Cincuenta días después de Pascua)

Se celebra que, desde el cielo, Jesús envió el Espíritu Santo sobre los Apóstoles reunidos en Jerusalén. Con su fuerza empezaron a anunciar a Cristo con valentía. Se acaba el tiempo de Pascua.

piensa

- ¿Qué cambio se produjo en los Apóstoles después de recibir el Espíritu Santo el día de Pentecostés?

canción

Cantamos

Padre nuestro

Padre nuestro que estás en el Cielo,
santificado sea tu nombre,
venga a nosotros tu Reino,
hágase tu voluntad en la tierra como en el Cielo.
Danos hoy nuestro pan de cada día,
perdona nuestras ofensas como también
nosotros perdonamos a los que nos ofenden.
No nos dejes caer en la tentación,
y líbranos del mal.

Pasión y muerte de Jesús

En las unidades anteriores has visto la misericordia y el perdón de Jesús con los pecadores. Pero Jesús vino a traer el perdón no sólo a los que convivieron con él hace dos mil años, sino a toda la humanidad de todos los tiempos.

En la Última Cena dijo Jesús, con el pan en sus manos: «Esto es mi cuerpo, que se entrega por vosotros» (Lc 22, 19). Y después dijo con el vino: «Esta es mi sangre de la alianza, que es derramada por muchos para el perdón de los pecados». (Mt 26, 28)

Terminada la cena, Jesús y los suyos fueron a rezar a un huerto llamado Getsemaní. En su oración, Jesús decía al Padre que aceptaba la misión que le había encomendado. Le costaba porque sabía todo lo que tendría que sufrir, pero decía: «No se haga como yo quiero, sino como quieres tú». (Mt 26, 39)

Jesús sentía el peso de todos los pecados de los hombres y estaba dispuesto a reparar por ellos. Esta era su misión: redimir a los hombres, pedir perdón a Dios por sus pecados.

Al día siguiente, viernes, Jesús aceptó en silencio que lo juzgaran injustamente, que lo maltrataran y lo humillaran y que, finalmente, lo clavaran en una cruz, donde murió, como había anunciado repetidas veces a los Apóstoles. Después, lo bajaron de la cruz y lo sepultaron.

Al tercer día resucitó por su propio poder, como también había anunciado a sus discípulos, y se apareció en muchas ocasiones a los suyos.

Con su pasión, muerte y resurrección, Jesús cumplió fielmente el plan de Dios Padre para liberar a los hombres de las consecuencias del pecado. Por eso llamamos a Jesús Redentor o Salvador.

Como había dicho en la Última Cena, Jesús entregó su Cuerpo y derramó su Sangre, «para el perdón de los pecados». Este sacrificio se actualiza cada vez que se celebra la Eucaristía.

actividades

6 Escribe una frase explicativa de lo que ocurre en cada dibujo.

7 Escribe en qué momento de la Pasión pronunció Jesús estas palabras.

a) «Padre, si quieres, aparta de mí este cáliz, pero que no se haga mi voluntad sino la tuya». (Lc 22, 42)
b) «Padre, perdónalos porque no saben lo que hacen». (Lc 23, 34)
c) «Padre, a tus manos encomiendo mi espíritu». (Lc 23, 46)

8 Compara los siguientes textos. Son palabras de la oración de Jesús en Getsemaní, según tres Evangelios distintos.

Mateo	Marcos	Lucas
«Padre mío, si es posible, que pase de mi este cáliz. Pero no se haga como yo quiero, sino como quieres tú». (Mt, 26, 39)	«*¡Abbá!*, Padre: tú lo puedes todo, aparta de mí este cáliz. Pero no sea como yo quiero, sino como tú quieres». (Mc 14, 36)	«Padre, si quieres, aparta de mí este cáliz; pero que no se haga mi voluntad, sino la tuya». (Lc 22, 42)

a) ¿Dicen lo mismo los tres textos?
b) ¿A qué se refiere Jesús con la palabra cáliz?
c) Intenta dividir cada texto en tres partes que correspondan a tres ideas expresadas por Jesús.
d) Resume con tus palabras la actitud de Jesús en su Pasión.

La dignidad del cuerpo

Del corazón vienen los malos pensamientos

En una ocasión acusaron a Jesús de que sus discípulos no se lavaban las manos antes de comer, como mandaba la tradición judía. Jesús les respondió así:

Escuchad y entended: no mancha al hombre lo que entra por la boca, sino lo que sale de la boca, eso es lo que mancha al hombre.

Mt 15, 10-11

Como no entendieron lo que les decía, se lo explicó con más detalle:

¿No comprendéis que todo lo que entra por la boca pasa al vientre y se expulsa en la letrina?, pero lo que sale de la boca brota del corazón; y esto es lo que hace impuro al hombre, porque del corazón salen pensamientos perversos, homicidios, adulterios, fornicaciones, robos, difamaciones, blasfemias.

Mt 15, 17-20

Jesús enseña que si los pensamientos y deseos son buenos, las acciones también lo serán.

actividades

9. Lee atentamente el texto y responde las preguntas.

   a) Los judíos pensaban que algunos alimentos eran impuros y manchaban la pureza del alma, ¿Jesús está de acuerdo?
   b) Para Jesús, ¿qué es lo que mancha al alma?
   c) ¿Qué significa que del corazón provienen las malas acciones de las que habla Jesús?
   d) Según esto, ¿cómo podemos hacer para que nuestras acciones sean siempre buenas?

No cometerás actos impuros

Dios creó al hombre y a la mujer con un cuerpo distinto y les dio la capacidad de amarse mutuamente. Esta capacidad es un don de Dios muy valioso: por medio del amor y la sexualidad, el hombre y la mujer se convierten en cooperadores de Dios para crear una nueva vida.

El sexto mandamiento manda tratar con respeto el propio cuerpo y el de los demás, porque el cuerpo no es un objeto que pueda ser usado interesadamente; es parte del ser humano, creado y amado por Dios.

San Pablo habla del honor del cuerpo en una de sus cartas: *¿Acaso no sabéis que vuestro cuerpo es templo del Espíritu Santo, que habita en vosotros y habéis recibido de Dios? Y no os pertenecéis, pues habéis sido comprados a buen precio. Por tanto, ¡glorificad a Dios con vuestro cuerpo!*

1Co 6, 19-20

Para respetar la dignidad del cuerpo, también deben ser limpias y respetuosas las miradas, conversaciones y pensamientos. Así lo enseñó Jesús, como has leído en la página anterior, y así lo manda el noveno mandamiento.

actividades

10 Construye una frase a partir de los siguientes fragmentos.

el hombre y la mujer — amarse mutuamente — cooperadores de Dios

11 Completa las frases de la izquierda con el final correspondiente de la derecha.

a) La persona humana fue creada…	… respeto y honor.
b) El cuerpo humano tiene…	… a los deseos.
c) El cuerpo humano es…	… a imagen y semejanza de Dios.
d) El cuerpo humano merece…	… a las acciones.
e) El sexto mandamiento se refiere…	… una gran dignidad.
f) El noveno mandamiento se refiere…	… templo del Espíritu Santo.

12 Aprende de memoria el sexto y noveno mandamientos y lo que exigen

El sexto mandamiento es «No cometerás actos impuros».
El noveno mandamiento es «No consentirás pensamientos y deseos impuros».
El sexto mandamiento exige vivir la sexualidad como expresión y realización del amor, ordenado a la unión conyugal del hombre y la mujer y a la transmisión de la vida. Exige ser libre para amar, mediante el dominio de uno mismo, y superar los impulsos y pasiones desordenados.
El noveno mandamiento exige no dejarnos llevar por el impulso sexual desordenado, ni en los pensamientos ni en los deseos. Esto supone pureza de corazón para ver todo según Dios. (Catecismo *Testigos del Señor*)

La limpieza del corazón

Ya leíste en las Bienaventuranzas: *Bienaventurados los limpios de corazón, porque ellos verán a Dios.*

Mt 5, 8

Las personas que tienen un corazón limpio son capaces de descubrir a Dios en los demás y de verlo cara a cara en el Cielo.

Tener el corazón limpio significa tratar santamente el propio cuerpo y el de los demás. Para ello hay que esforzarse para evitar miradas, pensamientos, conversaciones o acciones que pudieran manchar egoístamente la pureza del corazón. De esta forma el corazón es más capaz de amar a Dios y a los demás con generosidad.

La limpieza de corazón, también llamada pureza o castidad, es necesaria para mantener el amor y la fidelidad entre los esposos, tan importante para su propia felicidad y la de los hijos.

La pureza llena el corazón de una alegría profunda, mientras que el egoísmo produce tristeza y decepción. La Virgen Inmaculada, que estuvo siempre limpia de pecado, ayuda a sus hijos desde el Cielo a vivir santamente en la tierra.

actividades

13 Responde las preguntas, según lo que has leído en este apartado.

a) ¿Por qué es bueno lavarse y vestir con corrección?
b) ¿Por qué debemos evitar mirar imágenes o películas indecentes?
c) ¿Por qué cuidar la pureza nos ayuda a ser más generosos?
d) ¿La pureza es una virtud sólo para los pequeños y los jóvenes?

14 Completa estas frases.

- El fruto de la limpieza del corazón es la ▲▲▲▲▲.
- La tristeza y la decepción son fruto del ▲▲▲▲▲.
- La ▲▲▲▲▲ nos ayuda a vivir santamente.

15 De los Mandamientos que has estudiado hasta ahora, ¿a cuál se refiere cada frase?

- Perdonar a nuestros enemigos y respetar la vida y la salud, propias y ajenas.
- Respetar y obedecer a nuestros padres y mayores.
- Ser puros en nuestros pensamientos, deseos, miradas y obras.
- Creer en Dios, esperar en él y amarlo sobre todas las cosas.
- Dedicar tiempo a Dios para darle el culto y el honor que merece.
- Honrar y respetar el nombre de Dios.

San Agustín

Agustín, nacido en el norte de África, era un joven muy inteligente. Fue a estudiar a Italia. Allí llevaba una vida desordenada.

Agustín no era cristiano, pero sí su madre, santa Mónica. Ella sufría por su hijo y rezaba mucho para que cambiara de vida y de forma de pensar.

Agustín estaba inquieto: en el fondo, todo aquello no le satisfacía. Reflexionó y decidió cambiar de vida, hacerse cristiano y volver a su tierra. En ella, por sus méritos fue nombrado obispo.

Agustín fue muy querido por los cristianos, porque les ayudaba a ser mejores. Escribió muchos libros y cartas para difundir la doctrina de Jesús.

actividades

16 Lee la historia de san Agustín y responde las preguntas siguientes.

a) ¿Qué hacía santa Mónica para ayudar a su hijo a cambiar de vida y hacerse cristiano?

b) ¿Por qué crees que la actitud de Agustín hacía sufrir a su madre?

c) ¿Qué lección podemos aprender de la historia de san Agustín?

La Eucaristía

vídeo

Yo soy el pan vivo bajado del cielo

Poco después de la multiplicación de los panes con los que alimentó a una multitud, Jesús pronunció un discurso en Cafarnaúm, que nadie comprendió en aquel momento:

«Yo soy el pan vivo que ha bajado del cielo; el que coma de este pan vivirá para siempre. Y el pan que yo daré es mi Carne por la vida del mundo [...]. *El que come mi Carne y bebe mi Sangre tiene vida eterna, y yo lo resucitaré en el último día. Mi Carne es verdadera comida, y mi Sangre es verdadera bebida. El que come mi Carne y bebe mi Sangre habita en mí y yo en él».*

Jn 6, 51-56

Pero en la Última Cena aquellas palabras tan difíciles se hicieron realidad. Tomó pan y dijo: «*Tomad, comed: esto es mi Cuerpo*».

Mt 26, 26

Tomó vino y dijo: *«Bebed todos; porque esta es mi Sangre».*

Mt 26, 27-28

Por eso, antes de marcharse al cielo pudo despedirse de los suyos con estas consoladoras palabras: *«y sabed que yo estoy con vosotros todos los días, hasta el final de los tiempos».*

Mt 28, 20

actividades

17 Lee atentamente el texto y responde las preguntas.

a) ¿De qué estaba hablando Jesús en Cafarnaúm? ¿Te parece normal que los discípulos no lo entendieran?
b) ¿Qué promete Jesús a los que coman de este pan?
c) ¿Recuerdas una escena del Antiguo Testamento donde se habla de un pan «bajado del cielo»?
d) ¿Sabes cómo está Jesús con nosotros todos los días?

La presencia eucarística

En efecto, a Jesús se le puede encontrar en los hermanos, sobre todo en los pobres y en los enfermos. También está presente cuando la Iglesia proclama la Palabra de Dios y celebra los sacramentos. Pero de una manera física, que se pueda ver y tocar, sólo se encuentra en la **Eucaristía**.

Cuando el sacerdote pronuncia las palabras de la **Consagración**: «Tomad y comed todos de él porque esto es mi Cuerpo [...]. Tomad y bebed todos de él, porque este es el cáliz de mi Sangre [...]», el **pan** y el **vino** se convierten en **el Cuerpo y la Sangre de Cristo**.

Esta transformación admirable que tiene lugar durante la Santa Misa se llama **transubstanciación**, que significa cambio de substancia, de lo que una cosa es, a otra distinta.

Jesús está **verdaderamente presente** bajo las especies del pan y el vino: «con su Cuerpo y con su Sangre, con su Alma y con su Divinidad». Por eso se adora a la Eucaristía, porque es el mismo Jesús.

actividades

18 Responde las siguientes preguntas.

a) ¿En qué momento de la Misa se produce la transubstanciación?
b) ¿A cuál de las dos partes de la Misa corresponde este momento?
c) ¿En qué se convierte la substancia del pan?
d) ¿En qué se convierte la substancia del vino?

19 ¿Qué se necesita para creer en la presencia de Jesús en la Eucaristía?

vista / caridad / inteligencia / fe / esperanza / ilusión

20 Sobre el trato de respeto y de adoración a Jesús Sacramentado.

a) Explica con tus palabras por qué se hace una genuflexión ante la Eucaristía.
b) Explica con tus palabras por qué se procura que no caiga ninguna partícula del pan ni ninguna gota del vino consagrados.

21 Aprende de memoria la respuesta (64) de *Jesús es el Señor.*

¿Está Jesús realmente presente en la Eucaristía?
Sí, por la acción del Espíritu Santo, Jesús está realmente presente en la Eucaristía: lo que parece pan y vino es el Cuerpo y la Sangre del Señor.

8 El pan de vida

Este es el Cordero de Dios

Antes de comulgar, el sacerdote muestra el Cuerpo y la Sangre de Cristo: *Este es el Cordero de Dios, que quita el pecado del mundo.* Son las palabras con que Juan Bautista presentó a Jesús a sus amigos. Y agrega: *Dichosos los invitados a la cena del Señor.*

Y se responde: ***Señor, no soy digno de que entres en mi casa, pero una palabra tuya bastará para sanarme***.

Son palabras de un hombre que pidió a Jesús que curase a su criado enfermo, y se aplican para pedir a Jesús la propia purificación.

Antes de empezar

- Recordamos y pensamos un poco:
  - ¿Qué condiciones se necesitan para recibir el Cuerpo de Cristo?
  - ¿Se tiene algún mérito para recibir el Cuerpo de Cristo?
  - ¿Cómo continúa la frase «Señor, no soy digno de que entres...»? ¿Significa que Jesús irá a casa de los fieles?
  - ¿Cómo hay que comportarse cuando se va a comulgar? Y cuando ya se ha comulgado, ¿qué se ha de hacer?

El Cuerpo de Cristo

Llegó el momento de comulgar. En silencio se le pueden manifiestar los deseos de recibirlo dignamente, con el mayor amor posible. También él desea estar con sus amigos.

Hay que acercarse con orden, sin prisas ni distracciones.

Al llegar, el sacerdote muestra la sagrada forma: *El Cuerpo de Cristo.*

Y se responde con claridad: ***Amén***. Es como decir: «Sí, lo creo, creo que esto es el Cuerpo de Cristo». Y se comulga.

Comunión

Hay que volver al sitio con respeto. Jesús está dentro de cada una y cada uno con su Cuerpo y con su Sangre, con su Alma y su Divinidad. Es un momento sagrado.

En silencio se le puede decir a Jesús lo que se quiera: darle la bienvenida, hacer actos de amor, pedirle perdón, darle gracias, pedirle ayuda. Es diferente la oración de cada persona.

Entretanto, el sacerdote limpia el cáliz y la patena, para que no quede ningún resto del Cuerpo o la Sangre de Cristo.

Las imágenes

En todas las iglesias hay imágenes de Jesús, de la Virgen María o de algunos santos. La imagen del patrón o la patrona de cada iglesia se encuentra en un lugar destacado en el presbiterio. Otras imágenes se ubican en los laterales de la iglesia o están pintadas en las paredes.

La imagen de Cristo es el icono litúrgico por excelencia.

Las imágenes proclaman el mismo mensaje evangélico que la Sagrada Escritura transmite mediante la palabra, y ayuda a despertar y alimentar la fe de los creyentes.

piensa

› Visita una iglesia. ¿A quién representa la imagen que hay en el presbiterio? ¿Es una pintura o una escultura? ¿Por qué esta es la imagen más destacada?

Advocaciones de la Virgen María

La Virgen María siempre es la misma: la Madre de Jesús. Aunque se la llama de diferentes maneras: del Pilar, de Lourdes, de Fátima, etc., según el lugar. O bien del Rosario, del Carmen, de los Dolores, María Auxiliadora... También es muy frecuente la Inmaculada Concepción, la Asunción o María Reina. Diferentes nombres para la misma persona.

A Jesús se lo representa como el Niño Jesús, como el Sagrado Corazón, como el Crucificado, o el Resucitado, pero siempre es Jesús.

piensa

› ¿Qué imágenes de Jesús hay en esa iglesia? ¿Y qué advocaciones de la Virgen María?
› ¿Qué otros santos aparecen representados? ¿Cuál es la imagen que más te gusta?

1. Estas palabras se dicen en la Misa pero proceden del Evangelio. ¿Quién las dijo?

María / Simón Pedro / un soldado romano / Jesús / Herodes / Juan Bautista / Judas

- «Este es el Cordero de Dios, que quita el pecado del mundo.»
- «Señor, no soy digno de que entres en mi casa.»

2. Escribe cuál es la respuesta correcta.

Es necesario confesarse antes de ir a comulgar…

Si hace menos de una hora que se ha comido.
Si hace tiempo que no se ha confesado.
Si podría haberse cometido un pecado grave.
Si aún no se ha hecho la primera comunión.

3. ¿Por qué es importante que el sacerdote purifique el cáliz y la patena después de la Comunión? ¿Qué pasa si quedan restos de Cuerpo o de Sangre de Cristo, por pequeños que sean?

4. Copia estos globos de diálogo y escribe o dibuja quién habla: el sacerdote, los fieles o ambos.

Este es el Cordero de Dios, que quita el pecado del mundo.

El Cuerpo de Cristo.

Señor, no soy digno de que entres en mi casa.

Amén.

Dichosos los invitados a la cena del Señor.

5. Haz una lista de advocaciones de la Virgen que conozcas por algún motivo: porque es el nombre de una persona que conoces, porque has estado en el lugar, porque conoces una iglesia o una capilla que lleva ese nombre, etc. Investiga o pregunta sobre una de ellas y escribe una breve explicación del origen de ese nombre.

La Santísima Trinidad (Domingo después de Pentecostés)
Este día se celebra el misterio central de la fe cristiana. Dios es familia: es Padre, Hijo y Espíritu Santo. Tres personas, un único Dios. Nos hemos de amar entre nosotros, como las tres personas divinas se aman entre ellas.

El Cuerpo y la Sangre de Cristo (Domingo siguiente)
Jesús instituyó el gran regalo de la Eucaristía. Y este día se hace una gran fiesta para celebrarlo. En muchos lugares se saca a Jesús en procesión por las calles. Existen muchas tradiciones populares para celebrar esta fiesta.

piensa

- La fiesta del Cuerpo y la Sangre de Cristo también se conoce popularmente con su nombre en latín, ¿sabes cuál es?
- ¿Qué día instituyó Jesús la Eucaristía?

El Sagrado Corazón de Jesús (Viernes siguiente)
El corazón representa los sentimientos de una persona. El Sagrado Corazón de Jesús representa el amor misericordioso de Jesús. Su corazón sufre por las ofensas y la ingratitud de tantas personas.

piensa

- Seguramente has visto alguna imagen del Sagrado Corazón. Explica cómo suele representarse en las imágenes.

canción

Cantamos

Cantemos al amor de los amores

Cantemos al amor de los amores,
cantemos al Señor.
Dios está aquí, venid adoradores,
adoremos a Cristo Redentor.

Gloria a Cristo Jesús,
cielos y tierra bendecid al Señor.
Honor y gloria a Ti, Rey de la Gloria,
amor por siempre a Ti, Dios del amor.

Cantemos al Amor de los amores,
cantemos sin cesar.
Dios está aquí, venid adoradores,
adoremos a Cristo en el altar.

Gloria a Cristo Jesús,
cielos y tierra bendecid al Señor.
Honor y gloria a Ti, Rey de la Gloria,
amor por siempre a Ti, Dios del amor.

El sacramento de la Reconciliación

Jesús ofreció su vida a Dios para rescatar a los hombres del pecado y sus consecuencias. Para hacer llegar a todos los frutos de la Redención Jesús instituyó los **sacramentos**.

El agua del **Bautismo** representa la gracia de Dios que lava los pecados, y efectivamente lo hace. Por eso en el Credo se dice:

«Creo en un solo Bautismo para el perdón de los pecados».

Los pecados cometidos después del Bautismo los perdona Jesús en el sacramento de la **Reconciliación**.

Jesús resucitado había dicho a los Apóstoles: «Recibid el Espíritu Santo; a quienes les perdonéis los pecados, les quedan perdonados; a quienes se los retengáis, les quedan retenidos» (Jn 20, 22-23).

Los Apóstoles transmitieron a sus sucesores el poder que Jesús les había otorgado de perdonar los pecados. Por eso, cuando el pecador arrepentido confiesa sus pecados al sacerdote, éste le perdona en nombre de Jesucristo:

«Yo te absuelvo de tus pecados, en el nombre del Padre, del Hijo y del Espíritu Santo».

Para recibir con fruto el sacramento de la Reconciliación son necesarios los siguientes pasos:

- **Examinar la conciencia**, para recordar los pecados cometidos.
- **Arrepentirse** sinceramente, con el propósito de no volver a pecar.
- **Confesar los pecados** al sacerdote, con sinceridad y sencillez.
- **Cumplir la penitencia** que el sacerdote indica como reparación.

Cada vez que se realiza este sacramento se repite la escena de Jesús curando a los enfermos y perdonando a los pecadores.

actividades

6 Observa estos dibujos y escribe la lista de los siete sacramentos.

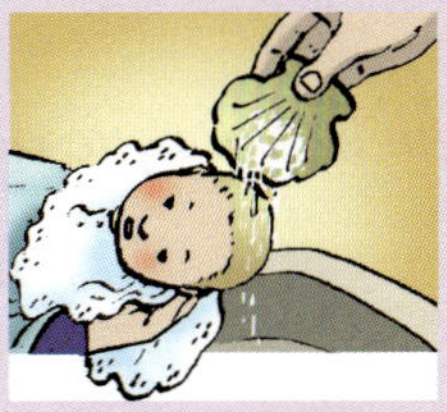
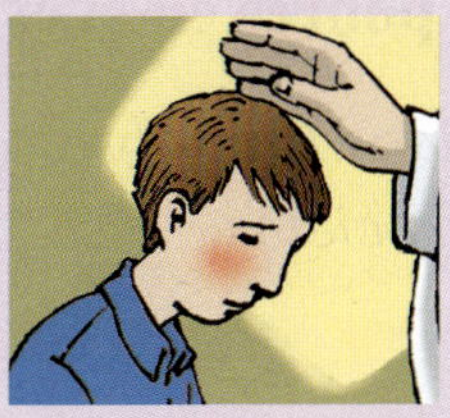

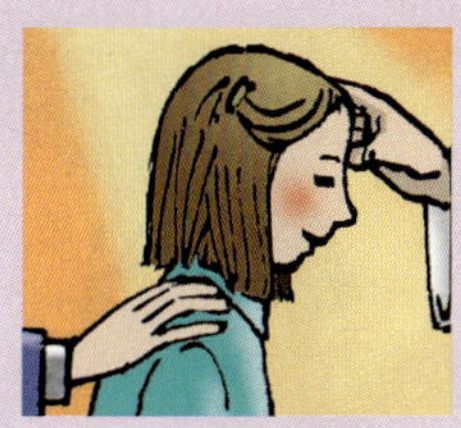

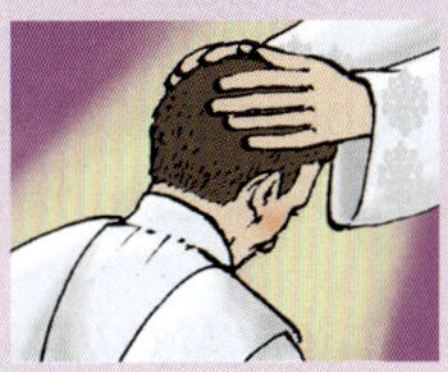
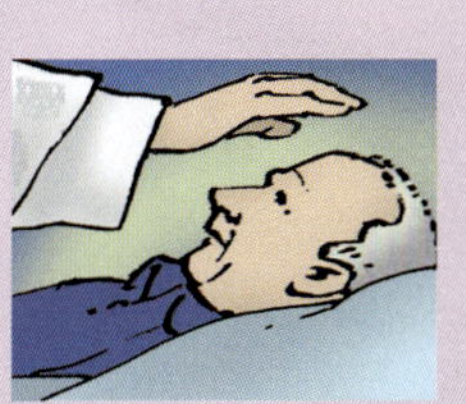

7 Señala el orden de estos dibujos.

a)

c)

b)

d)

8 Elabora una sopa de letras con cinco palabras relacionadas con el sacramento de la Reconciliación. Después, intercámbiala con un compañero.

9 Recuerda las parábolas de la oveja perdida o del hijo pródigo. ¿Cómo será el estado de ánimo de una persona después de confesarse? Resúmelo en una sola palabra.

Los bienes materiales

Dichosos los pobres en el espíritu

Bienaventurados los pobres en el espíritu, porque de ellos es el Reino de los cielos.

Mt 5, 3

Esta es la primera de las Bienaventuranzas que Jesús proclamó en el Sermón de la Montaña.

La pobreza en el espíritu, el vivir desprendidos de los bienes materiales, es una característica central del mensaje de Jesús:

No atesoréis para vosotros tesoros en la tierra, donde la polilla y la carcoma los roen y donde los ladrones abren boquetes y los roban. Haceos tesoros en el cielo, donde no hay polilla ni carcoma que los roen, ni ladrones que abren boquetes y roban.

Mt 6, 19-20

En una ocasión se acercó a Jesús un joven dispuesto a seguirlo. Tras comprobar que era un buen muchacho, Jesús lo invitó a dar a los pobres todo lo que tenía, para que después le siguiera. Pero aquel hombre se fue triste porque poseía muchos bienes. Entonces Jesús dijo a sus discípulos:

¡Qué difícil les será entrar en el Reino de Dios a los que tienen riquezas!

Mc 10, 23

Jesús practicaba aquello que enseñaba: nació pobre en Belén, vivió dignamente de su trabajo, con austeridad y sencillez, y siempre estuvo al lado de los pobres.

actividades

10 Lee el texto con atención y responde las preguntas.

a) ¿Qué crees que significa ser pobres en el espíritu?
b) ¿A qué tesoros que se pueden «amontonar en el cielo» se refiere Jesús?
c) ¿Por qué ese joven no se decidió finalmente a seguir a Jesús?
d) ¿Cuál te parece que es el problema: las riquezas o la actitud del corazón?

No robarás

Dios dio al hombre la capacidad de trabajar para obtener de la creación lo que necesita para vivir dignamente: comida, ropa, vivienda, etc. Naturalmente, Dios quiere que estos bienes lleguen a todas las personas porque todas tienen la misma dignidad.

Sin embargo, los bienes de la tierra no están bien repartidos: mientras unos no tienen lo indispensable para vivir, otros acumulan grandes riquezas. Por eso el séptimo mandamiento se refiere a la justa distribución de los bienes materiales.

«No robarás» significa que no podemos apropiarnos injustamente de las cosas de los demás o de la comunidad. Pero también significa que debemos ayudar a los que padecen necesidad y que debemos respetar la naturaleza porque es un bien necesario para todos.

El décimo mandamiento es «No codiciarás los bienes ajenos». Se refiere a la envidia y al deseo desmesurado de tener cosas.

actividades

11 Busca en el periódico dos noticias.

- Una que ponga de manifiesto la falta de respeto a los bienes ajenos.
- Otra que manifieste la solidaridad con las personas necesitadas.

12 Aprende de memoria los mandamientos séptimo y décimo, así como lo que exigen.

El séptimo mandamiento es «No robarás».

El décimo mandamiento es «No codiciarás los bienes ajenos».

El séptimo mandamiento exige respetar los bienes ajenos y la justa administración y reparto de los bienes de la tierra; el derecho a la propiedad privada; el respeto a las personas, a sus bienes y a la integridad de la creación.

El décimo mandamiento exige una actitud interior de respeto en relación con la propiedad ajena, y prohíbe la envidia y la avaricia. (Catecismo *Testigos del Señor*)

Vivir con sobriedad

Debemos usar los avances técnicos y las cosas materiales, porque son necesarias y buenas, pero no nos conviene depender de ellas como le ocurre a tanta gente, esclava de sus caprichos y de su egoísmo.

Jesús quiere que sus discípulos lleven un estilo de vida sobrio, como él: evitar gastos exagerados o innecesarios, no acumular excesivas cosas, cuidar las que ya se tienen, dejar lo mejor para los demás, etc. En lugar de dejar crecer la envidia por no tener lo que otros tienen, demos gracias a Dios por lo que sí tenemos.

Las personas que usan las cosas con este espíritu de pobreza tienen más facilidad para compartir: no les importa prestar lo suyo para que lo use otro, dar dinero a un programa de ayuda social, dedicar tiempo a los demás, etc. Una persona así es mucho más libre y feliz, porque no pone su esperanza en poseer cosas caducas sino en el amor de Dios.

También hay que respetar las cosas que no son de una persona particular, sino de todos, como el material escolar, el mobiliario urbano o, de manera especial, el medio ambiente.

actividades

13 Indica a qué mandamiento se refiere cada una de estas actitudes y si es positiva o negativa.

Compartir con los demás lo que tengo.		
Estar triste porque otros tienen algo que me gusta y yo no tengo.		
Devolver aquello que me prestaron.		
Trabajar, estudiar y pagar los impuestos.		
No prestar las cosas por egoísmo.		
Destruir las cosas que son de todos.		
No desear apropiarse de los bienes ajenos.		

14 Lee esta cita del papa Francisco y explica con tus palabras qué puede significar ser esclavos de los bienes materiales y del dinero.

> «Si los bienes materiales y el dinero se convierten en el centro de la vida, nos atrapan y nos esclavizan».

15 Haz una lista de sinónimos y otra de antónimos de la palabra «sobriedad».

San Francisco de Asís

vídeo

Francisco era hijo de un rico comerciante de Asís (Italia), de modo que al joven Francisco no le faltaba nada. Era muy alegre, le gustaban las fiestas y la vida militar.

Pero un buen día renunció a aquella riqueza, se vistió con una tela de saco y se fue a vivir a una ermita abandonada. Quería vivir sin ataduras e imitar la pobreza de Jesús.

Pronto se le unieron otros jóvenes que querían vivir como él, predicando el Evangelio y ayudando a los pobres. El trabajo de los Franciscanos continúa hasta el día de hoy.

Francisco sabía ver a Dios en todas las criaturas: amaba a las personas, pero también a los animales, al agua y el fuego, al sol y la luna. Todo era obra de la grandeza de Dios.

actividades

16 Lee la historia de san Francisco y responde las preguntas siguientes.

a) ¿Francisco de Asís fue pobre por necesidad o porque quiso? ¿Cuál era su modelo para vivir la pobreza?

b) ¿Qué hacían para los demás Francisco y sus seguidores? ¿Qué otras virtudes descubres en la vida de san Francisco?

La esperanza cristiana

El banquete de bodas

Dios ha creado al hombre para que sea eternamente feliz con él en el cielo. Jesús compara el cielo a un banquete de bodas al que están todos invitados:

El Reino de los cielos se parece a un rey que celebraba la boda de su hijo; mandó a sus criados para que llamaran a los convidados [...]: *«Id ahora a los cruces de los caminos y a todos los que encontréis, llamadlos a la boda». Los criados salieron a los caminos y reunieron a todos los que encontraron, malos y buenos. La sala del banquete se llenó de comensales.*

Mt 22, 2-10

Pero Dios es infinitamente santo, y para estar junto a él hay que estar purificados de toda culpa. Jesús compara la santidad con el vestido de boda para aquel banquete:

Cuando el rey entró a saludar a los comensales, reparó en uno que no llevaba traje de fiesta y le dijo: «Amigo, ¿cómo has entrado aquí sin el vestido de boda?».

Mt 22, 11-12

Entonces el rey mandó que le expulsaran del banquete. Pero si se confía en Jesús no hay nada que temer:

Tanto amó Dios al mundo, que entregó a su Unigénito, para que todo el que crea en él no perezca, sino que tenga vida eterna.

Jn 3, 16

actividades

17 Lee con atención el texto y responde las preguntas.

a) ¿Qué quiere enseñarnos Jesús al comparar el cielo a un banquete de bodas?
b) ¿Quiénes están invitados al banquete de bodas del que habla Jesús?
c) ¿Por qué es necesario el traje de boda para entrar al banquete?
d) ¿Por qué un cristiano no debe tener miedo a la muerte?

La vida eterna

Con la muerte, el alma y el cuerpo se separan. El cuerpo se corrompe enseguida, pero el alma es inmortal y se presenta ante Dios. En un **juicio particular** el alma de cada persona recibe su destino, según su **fe** y sus **obras** durante esta vida.

Ese **destino eterno** puede ser de **felicidad** o de **condenación**. Por eso la Iglesia ofrece la Eucaristía y reza por los difuntos, para que el Señor perdone sus culpas y los lleve a la Salvación eterna.

Al **final de los tiempos**, Dios devuelve la vida también a los **cuerpos**. Va a ser el mismo cuerpo, pero transformado en un estado glorioso. Entonces Dios va a vivir con los justos, glorificados en cuerpo y alma, y ya no va a existir el mal.

actividades

18 ¿A qué estado del alma después de la muerte se refieren estas frases?

Felicidad plena de ver a Dios tal como es, gozando con él para siempre.	
Tiempo de purificación antes de la unión definitiva con Dios.	
Sufrimiento por la separación definitiva de Dios, sin ninguna esperanza.	

19 Estos tres estados, ¿para quiénes son?

	Los que mueren en gracia de Dios pero aún no purificaron sus culpas.
	Los que mueren en gracia de Dios y fueron purificados de sus culpas.
	Los que mueren alejados de Dios voluntariamente sin arrepentirse.

20 Aprende de memoria las respuestas (46), (47), (48) y (49) de *Jesús es el Señor.*

¿Qué es la vida eterna?
La vida eterna es la vida que Dios Padre nos dará, después de esta, y que durará para siempre.
¿Qué es el Cielo?
El Cielo es la felicidad de la que gozan los hombres que están ya con Dios para siempre.
¿Qué es el Infierno?
El Infierno es el sufrimiento de los hombres que, después de la muerte, están separados de Dios para siempre.
¿Qué es el Purgatorio?
El Purgatorio es el sufrimiento de los hombres que han muerto en paz con Dios, pero que tienen que ser purificados de sus pecados antes de participar en la felicidad del Cielo.

9 La alegría y la paz

Bendición final y despedida

Puestos todos en pie, el sacerdote reza una oración final muy bella para que den fruto los dones recibidos.

A continuación bendice al pueblo, trazando el signo de la cruz:
–La bendición de Dios todopoderoso, Padre, Hijo y Espíritu Santo, descienda sobre todos vosotros.

Todos hacen la señal de la Cruz y dicen:
*–**Amén**.*
*–Podéis ir en paz. –**Demos gracias a Dios**.*

Un canto de alegría pone fin a la celebración y manifiesta el gozo del corazón.

Antes de empezar

- Pensamos un poco:
  - ¿Sabes qué significa bendecir? ¿Cómo bendice el sacerdote al final de la Misa?
  - ¿Recuerdas cuáles son las últimas palabras del sacerdote al final de la Misa? ¿Y la respuesta de los fieles?
  - ¿Por qué las canciones que se cantan al final de la Misa tienen un tono alegre?

Acción de gracias

Aunque se note ya el cansancio, es bueno quedarse un rato para dar gracias a Jesús tranquilamente.

Es el mejor momento para hablar con Jesús. Él instituyó la Eucaristía hace dos mil años para poder estar lo más cerca posible de sus amigos. Es un regalo extraordinario.

Es justo dar gracias a Dios, que ha enviado a su Hijo, y es lógico pedirle su gracia santificadora.

Empieza la semana

Ya todos están fuera: han escuchado la Palabra de Dios, han participado del sacrificio de Jesús, se han alimentado con su Cuerpo y el sacerdote les ha dado la bendición.

Como a los primeros discípulos, Jesús envía a los cristianos a ir «por todo el mundo». Desea que allí donde estén, en casa, en la calle o en el colegio, sean un ejemplo de amor, de paz y de servicio.

Jesús ha venido a sus amigos, ahora sus amigos han de hacerlo presente a su alrededor. Él los acompaña.

El sagrario

Después de la Comunión, algunas de las Sagradas Formas se guardan en el sagrario: una caja muy bella, construida habitualmente con materiales ricos, cerrada con llave. Suele estar próximo al altar o en la capilla del Santísimo.

Jesús permanece en el sagrario para que lo puedan llevar a los enfermos que desean comulgar. Y también para poder visitarlo. Una pequeña lamparita encendida indica que Jesús está en el sagrario.

Se le saluda haciendo una genuflexión: gesto de adoración que consiste en poner la rodilla derecha en el suelo, sin prisa, con el cuerpo erguido, mirando hacia el sagrario, mientras se dicen a Jesús unas palabras sinceras.

piensa y observa

- ¿Sabes dónde está el sagrario en la iglesia? Explica cómo es. ¿Lo has visto abierto alguna vez? ¿Te has fijado si cerca del sagrario hay una lucecita encendida?
- El ambiente que se percibe en la capilla del Santísimo, ¿es el mismo que el de los otros lugares? Trata de explicar cómo es y por qué.

La custodia

La custodia es un objeto sagrado que se utiliza para exponer la Eucaristía de modo que todos la puedan ver y adorar fácilmente. A veces, incluso se saca de la iglesia y se lleva en procesión por las calles de la ciudad.

Las custodias pueden tener formas y tamaños diferentes, pero en su centro siempre tienen una especie de ventanita redonda, donde se coloca la Sagrada Hostia. Muchas tienen forma de sol, y en ellas los rayos representan las gracias que Jesús concede.

piensa y observa

- ¿Has visto alguna vez una custodia?
- Pregunta en qué fiesta se suele sacar la Eucaristía en procesión.

1. Si una persona ha ido a Misa y ha comulgado, ¿debería notarse? Explica por qué y de qué manera.

2. Repasemos toda la celebración de la Misa. Ten presente todo lo que has estudiado a lo largo de este curso.

   - Las dos partes principales de la Misa son:

   - Coloca estos momentos de la Misa en el lugar que les corresponde de la lista.

     Fracción del pan / Consagración / Saludo inicial / Bendición final
     Escucha de la Lectura y rezo del Salmo / Presentación de las ofrendas

   - Normalmente, estas partes de la Misa se cantan. ¿Sabrías decir en qué orden?

     Gloria / Señor ten piedad / Santo, santo, santo
     Aleluya / Cordero de Dios

3. Completa estas frases acerca de lo que ha pasado durante la celebración de la Misa. Es como un resumen.

   - Los fieles han escuchado la ▶.
   - Han participado en el ▶ de Jesús.
   - Se han alimentado con ▶.
   - El sacerdote les ha dado ▶.
   - Jesús les ha ▶, como a los primeros discípulos.

4. Dibuja un sagrario o una custodia, lo que tú prefieras. Debajo escribe una frase que explique qué es y para qué se utiliza.

Nacimiento de san Juan Bautista (24 de junio)
Juan el Bautista fue el hombre escogido por Dios para preparar la llegada del Mesías. Decía: «Convertíos, el Reino de Dios está cerca.» Bautizaba con agua a quienes resolvían cambiar de vida. En este día celebramos su nacimiento.

San Pedro y san Pablo (29 de junio)
Se celebran en un mismo día dos santos muy importantes. Pedro, el principal de los Apóstoles, a quien Jesús encargó el gobierno de toda la Iglesia. Y Pablo, que anunció la fe en muchas ciudades del Imperio Romano. Ambos murieron mártires en Roma.

piensa

› El Nuevo Testamento explica el nacimiento de Juan Bautista, que era pariente de Jesús. Investiga cómo se llamaban sus padres.

Asunción de la Virgen María (15 de agosto)
Al final de su vida, María fue llevada por Dios en cuerpo y alma al cielo. Su cuerpo no pasó por la corrupción del sepulcro. Jesús quiso llevársela junto a él y desde el cielo nos ayuda siempre.

piensa

› ¿En qué fiesta se celebra que María fue concebida en el seno de su madre sin la herencia del pecado original?

canción

Cantamos

Aleluya ¡Ha Resucitado!

Aleluya, ale, aleluya. (estribillo)

Aleluya, niños, hay que celebrarlo
porque Jesucristo ha resucitado.

Fuera la tristeza, váyase a otro lado,
porque Jesucristo ha resucitado.

Venga la alegría, esto hay que contarlo,
porque Jesucristo ha resucitado.

Alegría, niños, esto es un milagro,
porque Jesucristo ha resucitado.

(A. Celada)

La Cuaresma

Todos los años la Iglesia celebra la Pascua de Jesús (su Muerte y Resurrección), porque es el origen de la salvación para todos los hombres.

Para preparase para este gran acontecimiento, el más importante del año, la Iglesia invita a vivir el **tiempo de Cuaresma** durante los cuarenta días anteriores a la Semana Santa.

Miércoles de ceniza
Es el inicio de la Cuaresma. Ese día los fieles van a la iglesia y el sacerdote les hace la señal de la cruz en la frente con ceniza mientras dice: «Conviértete y cree en el Evangelio». Es un gesto simbólico para recordar la pequeñez del ser humano necesitado de conversión.

El camino de la Cuaresma dura cuarenta días, en recuerdo del tiempo que Jesús pasó ayunando en el desierto antes de iniciar su vida pública.

Para recorrer ese camino de conversión, la Iglesia pide a sus hijos que durante este tiempo se esfuercen más intensamente en tres aspectos:
– La **oración**.
– El **ayuno** (sacrificio).
– La **caridad** (amor al prójimo).

Es como un entrenamiento para ponerse en forma espiritualmente, es decir, para estar más cerca de Dios y cumplir mejor su voluntad. Es una llamada a la **conversión del corazón** para aprovechar mejor los frutos de la Pascua.

La penitencia

Hacer penitencia significa privarse de algo bueno y agradable para ofrecerlo a Dios como reparación por los pecados. Recuerda que el rey David, por ejemplo, no comía ni se acostaba para manifestar a Dios su arrepentimiento.

La penitencia se puede practicar de muchas formas, pero debe servir para acercarse más a Dios y al prójimo, que es la auténtica conversión del corazón.

actividades

5 Dibuja una estola y una casulla con el color que usa el sacerdote durante las celebraciones del tiempo de Cuaresma.

¿Qué simboliza este color?

a) la esperanza

b) la penitencia

c) la resurrección

6 Realiza una investigación para responder a las siguientes preguntas sobre el **ayuno** y prepara una explicación oral para tus compañeros.

– ¿En qué consiste?

– ¿Para qué se hace?

– ¿Existe en otras religiones?

7 Pon cada letra en su número para completar esta frase sobre otra costumbre de la Cuaresma. Después, reflexiona y contesta la siguiente pregunta.

1	2	3	4	5	6	7	8	9	10
T	C	I	B	S	A	N	E	R	V

La [6 4 5 1 3 7 8 7 2 3 6] consiste en no comer carne los

[10 3 8 9 7 8 5] de Cuaresma.

¿Por qué crees que el viernes es un día especialmente importante dentro de la Cuaresma?

8 El **Vía Crucis** (camino de la Cruz) es un recorrido por catorce «estaciones» o momentos de la Pasión de Jesús, representado en la pared de las iglesias. En muchos lugares se practica esta costumbre los viernes de Cuaresma.

Buscad información para elaborar un Vía Crucis artístico entre toda la clase, con el número, una imagen y una breve frase explicativa de cada estación. Elegid el formato más oportuno.

El amor a la verdad

Que tu palabra sea sí, cuando es sí

Jesús enseñó que hay que ser hombres y mujeres de palabra, rectos y leales. En el sermón de la Montaña dijo:

Que vuestro hablar sea sí, cuando es sí; y no, cuando es no. Lo que pasa de ahí, viene del maligno.

Mt 5, 37

Jesús alababa la rectitud de los sencillos. Cuando vio a Natanael que venía hacia él, dijo:

Ahí tenéis a un israelita de verdad, en quien no hay engaño.

Jn 1, 47

En cambio, censuraba con dureza la hipocresía de algunos jefes religiosos de Israel, que enseñaban unas cosas pero practicaban lo contrario:

¡Ay de vosotros, escribas y fariseos hipócritas, que os parecéis a los sepulcros blanqueados! Por fuera tienen buena apariencia, pero por dentro están llenos de huesos de muertos y podredumbre; lo mismo vosotros: por fuera parecéis justos pero por dentro estáis repletos de hipocresía y crueldad.

Mt 23, 27-28

Jesús amaba la verdad, la transparencia y la sinceridad; y rechazaba la mentira, la falsedad y el engaño.

actividades

9 Lee atentamente el texto y responde las preguntas.

a) ¿Qué crees que significan las primeras palabras de Jesús?
b) ¿Qué quiere decir Jesús cuando habla de «sepulcros blanqueados»?
c) ¿Qué significa la palabra «hipócrita»? Busca palabras sinónimas y palabras antónimas.
d) ¿Qué alaba Jesús de su amigo Natanael?

No darás falsos testimonios ni mentirás

A nadie le gusta que hablen mal de él; al contrario, es algo que nos molesta y que nos puede perjudicar seriamente. Para proteger la buena fama a la que todas las personas tienen derecho, el octavo mandamiento prohíbe hablar mal del prójimo.

La calumnia consiste en hablar mal de otra persona, sabiendo que no es cierto lo que se dice. La difamación, en cambio, consiste en dar a conocer los defectos de otra persona, aunque sean ciertos. También hay que evitar pensar mal de otras personas, como enseña Jesús:

No juzguéis, y no seréis juzgados; no condenéis y no seréis condenados; perdonad, y seréis perdonados.

Lc 6, 37

El mismo mandamiento manda también decir la verdad. Mentir es decir lo contrario de lo que se piensa, y es una falta de respeto a los demás; más aún si se miente con intención de hacer daño.

Si alguna vez se perjudica a otros con alguno de estos pecados, hay que confesarse, pero además hay que reparar el mal que se haya causado.

actividades

10 Piensa a qué pecados contra el octavo mandamiento se refieren las siguientes acciones.

a) Atribuir a otra persona defectos que no son ciertos.
b) Hablar sin motivo de los defectos de una persona.
c) Hacer trampas en los juegos y deportes.
d) Decir lo contrario de lo que se piensa con intención de engañar.
e) Declarar ante un tribunal algo que no es cierto.
f) Jurar sobre algo que no es cierto.

Juicio temerario / Falso testimonio / Calumnia / Mentira / Difamación / Perjurio

11 Aprende de memoria el octavo mandamiento y lo que exige.

El octavo mandamiento de la ley de Dios es «No darás falso testimonio ni mentirás».

El octavo mandamiento exige que nuestras palabras sean verdaderas, porque la confianza nace de la comunicación veraz y sincera entre unos y otros. Sin la verdad no hay posibilidad de confianza ni de comunidad de vida. (Catecismo *Testigos del Señor*)

La sinceridad

La virtud de la sinceridad lleva a decir siempre la verdad, tal como Jesús pide: *Que tu palabra sea sí, cuando es sí; y no, cuando es no*. A veces se cae en la tentación de mentir o no decir toda la verdad para no quedar mal, para excusarse de algo que no se ha hecho bien o para disculpar a otras personas.

Aunque a veces cueste esfuerzo o dé vergüenza, conviene ser siempre muy sinceros porque de esta forma somos más nobles, más sencillos y más humildes, y nuestros padres y profesores pueden ayudarnos mejor. Además, confiamos más en las personas que no engañan porque sabemos que son leales.

No sólo hay que decir la verdad con las palabras, también hay que hacerlo con las obras y actuar con sencillez, sin querer fingir o aparentar lo que en realidad no somos. La hipocresía es un defecto muy desagradable, que dificulta la convivencia y la amistad.

A veces, vivir de acuerdo con lo que creemos y decimos puede ocasionarnos la burla o el desprecio de alguien. Así le ocurrió a Jesús, y hay que ser valientes como él lo fue.

actividades

12 Piensa en tu experiencia y contesta estas preguntas.

a) ¿Cómo te sientes al saber que alguien te ha mentido?
b) ¿Por qué te parece que a veces nos cuesta decir la verdad?
c) ¿Por qué decir la verdad nos hace más valientes?
d) ¿Por qué decimos que pueden ayudarnos mejor si decimos la verdad?

13 ¿Cuál de las siguientes definiciones se corresponde con la palabra «hipócrita»?

a) Persona que dice lo contrario de lo que piensa con intención de engañar.
b) Persona que finge cualidades o sentimientos distintos a los que realmente tiene.
c) Persona que tiene vergüenza a decir la verdad.

14 Lee el texto y responde las preguntas.

> Las autoridades religiosas detuvieron a Jesús porque decía que era el Mesías, el Hijo de Dios. El Sumo sacerdote le preguntó: «Te conjuro por Dios vivo; dinos si tú eres el Mesías, el Hijo de Dios». Jesús le respondió: «Tú lo has dicho».
>
> Mt 26, 63-64

a) ¿Sabes lo que ocurrió a continuación?
b) ¿De qué nos da ejemplo Jesús con su respuesta?
c) ¿Sabes quiénes son los mártires?

San Juan Pablo II

vídeo

Juan Pablo II fue el Papa durante muchos años. Se llamaba Karol y nació en Polonia, donde sufrió una guerra muy dura. Era buen estudiante, deportista y actor de teatro.

Se hizo sacerdote para amar a todo el mundo. Después, como obispo, defendió con valentía la fe de los polacos en momentos de persecución religiosa. Amaba mucho a la Virgen.

Cuando fue elegido papa, viajó por todo el mundo para llevar el mensaje de Cristo. Su palabra llenaba de esperanza a millones de personas, aunque a algunos no les gustara.

Era muy querido, porque su corazón estaba abierto a todos y defendía la justicia y la verdad con valentía. Cuando murió, multitudes de todo el mundo fueron a decirle adiós.

actividades

15 Lee la historia de san Juan Pablo y responde las preguntas siguientes.

a) Leyendo la vida de Juan Pablo II, ¿crees que su actitud y su palabra siempre fueron aplaudidas por todos? ¿Por qué crees que la persecución o las críticas no lograban frenar su actividad?

b) ¿Para qué te parece que usó Juan Pablo II el don de la palabra? ¿Cómo podemos imitar su ejemplo en nuestra vida?

Dios Espíritu Santo

oración

Todos quedaron llenos del Espíritu Santo

Durante la Última Cena, Jesús anunció a los Apóstoles que, después de irse al cielo, les enviaría al Espíritu Santo para que estuviera con ellos para siempre.

Estas promesas se hicieron realidad cincuenta días después de la Resurrección, como relata el libro de los Hechos de los Apóstoles:

Al cumplirse el día de Pentecostés, estaban todos juntos en el mismo lugar. De repente, se produjo desde el cielo un estruendo, como de viento que soplaba fuertemente, y llenó toda la casa donde se encontraban sentados. Vieron aparecer unas lenguas, como llamaradas, que se dividían, posándose encima de cada uno de ellos. Se llenaron todos de Espíritu Santo y empezaron a hablar en otras lenguas, según el Espíritu les concedía manifestarse.

Hch 2, 1-4

Desde aquel día los discípulos perdieron el miedo y tuvieron la fuerza y la inteligencia necesarias para anunciar el mensaje de Jesús a todos los pueblos.

Pentecostés, de Zurbarán.

«El Espíritu Santo guía a los pastores de la Iglesia en su misión de anunciar el mensaje de Jesucristo a todo el mundo».
Papa Francisco

actividades

16 Lee con atención el texto y responde las preguntas.

a) ¿Qué día fue enviado el Espíritu Santo sobre la Iglesia?
b) ¿Qué crees que representan el viento y el fuego que aparecen en la escena?
c) ¿Los Apóstoles habían oído hablar antes del Espíritu Santo?
d) ¿Qué cambio se produjo en los Apóstoles después de recibirlo?

El Espíritu Santo

El Credo dice: «Creo en el Espíritu Santo, que procede del Padre y del Hijo». El Espíritu Santo es Dios, como el Padre y el Hijo. Es la **tercera Persona de la Santísima Trinidad**.

Igual que el Padre y el Hijo, el Espíritu Santo es infinitamente perfecto, todopoderoso y eterno. Por eso merece el mismo honor y la misma gloria.

Desde Pentecostés, el Espíritu Santo **impulsa a la Iglesia** y a sus pastores en su misión evangelizadora por toda la tierra, especialmente por medio de los **sacramentos**.

Además, el Espíritu Santo tiene la misión de **santificar a las almas**. Cuando se recibe el Bautismo, el Espíritu Santo empieza a habitar en el alma y la transforma interiormente. Él ayuda a las personas a vivir como hijos de Dios y hermanos de Jesucristo y las hace merecedoras de la vida eterna.

actividades

17 Responde sí o no a estas preguntas.

¿El Padre es Dios?	
¿El Hijo es Dios?	
¿El Espíritu Santo es Dios?	
¿El Padre, el Hijo y el Espíritu Santo son tres dioses?	
¿El Espíritu Santo es perfecto, todopoderoso y eterno?	

18 Indica si estas frases son verdaderas o falsas.

Para ser santos, lo más importante es el esfuerzo que el hombre pone.	
Para ser santos, lo más importante es la acción del Espíritu Santo en el alma.	
La Iglesia es impulsada sobre todo por el Espíritu Santo.	
La Iglesia es impulsada sobre todo por los obispos y el Papa.	

19 Aprende de memoria las respuestas (39) y (40) de *Jesús es el Señor.*

¿Quién es el Espíritu Santo?
El Espíritu Santo es Dios, como el Padre y el hijo. Él da vida a la Iglesia y la hace Santa.
¿Qué hace el Espíritu Santo en nosotros?
El Espíritu Santo nos ayuda a comprender lo que Jesús dijo, nos da fuerza para seguirlo, continuar su obra y confiar en Dios Padre.

2.1 **1** Escribe debajo de cada dibujo la parte de la celebración de la Eucaristía a la que corresponde.

Fracción del pan / Bendición final / Comunión / Rito de la paz

______________________ ______________________

______________________ ______________________

4.2 **2** Lee el siguiente texto y contesta las preguntas.

«Padre, si quieres, aparta de mí este cáliz, pero que no se haga mi voluntad sino la tuya». (Lc 22, 42)

a) ¿Quién lo dice?
b) ¿A quién lo dice?
c) ¿Dónde lo dice?
d) ¿Qué significa?

4.1 **3** Señala el orden correcto de las siguientes imágenes de la Pasión.

2.1 1.1 1.2 **4** Completa las siguientes frases sobre los pasos que hay que seguir en la celebración del sacramento de la Reconciliación.

– ____________________ la conciencia para recordar los pecados cometidos.

– ____________________ sinceramente, con el propósito de no volver a pecar.

– ____________________ los pecados al sacerdote, con sinceridad y sencillez.

– Cumplir la ____________________ que el sacerdote indica como reparación.

2.1 3.1 **5** Escribe a qué se refiere cada frase.

a) Comienza el Miércoles de ceniza.
b) Color propio de la Cuaresma.
c) Cuarenta días para prepararse para la Pascua.
d) Ofrecimiento de algo a Dios como reparación de los pecados.
e) No comer o comer muy poco en determinadas ocasiones.

FÓRMULAS DE FE

(TOMADAS DEL *CATECISMO JESÚS ES EL SEÑOR*, INSTRUMENTO OFICIAL DE LA CEE PARA LA PREPARACIÓN DE LOS SACRAMENTOS DE LA PENITENCIA Y DE LA EUCARISTÍA)

Las fórmulas de fe son importantes porque permiten expresar, asimilar, celebrar y compartir con los demás las verdades de la fe, utilizando un lenguaje común.

La Iglesia, como una madre, enseña el lenguaje de la fe para que lleguemos a comprender cuánto nos ama Dios Padre.

Introducción

1. ¿Eres cristiano?
Sí, soy cristiano por la gracia de Dios.

2. ¿Qué es la gracia?
La gracia es la participación en la vida de Dios. Es la ayuda que Dios nos da para responder a su llamada.

3. ¿Quién es cristiano?
Es cristiano quien cree en Jesús y ha recibido el Bautismo.

4. ¿Cómo nacemos a la vida cristiana?
Nacemos a la vida cristiana por el don de la fe y del Bautismo, en la Iglesia.

5. ¿Cómo aprendemos a vivir como cristianos?
Aprendemos a vivir como cristianos escuchando la Palabra de Dios, celebrando la Eucaristía y amándonos como Jesús nos enseñó.

6. ¿Dónde aprendemos a vivir como cristianos?
Aprendemos a vivir como cristianos unidos a toda la Iglesia, en la familia y en la catequesis, donde nos enseñan a conocer, amar e imitar a Jesús.

7. ¿Por qué la Santa Cruz es la señal del cristiano?
La Santa Cruz es la señal del cristiano porque en ella murió Jesús por amor a los hombres, para salvarnos.

La profesión de la fe cristiana

El Credo, o Símbolo de la fe, resume toda la historia de lo que Dios ha hecho a favor de los hombres.

Lo profesamos en la Iglesia y afirmamos que creemos en Dios Padre, en su Hijo Jesucristo y en el Espíritu Santo.

Unidos a todos los cristianos rezamos el Credo cada domingo, como hicieron nuestros padres y padrinos el día de nuestro Bautismo.

También profesamos la fe cristiana cuando, ante los demás, decimos que somos cristianos y vivimos como discípulos de Jesús.

8. ¿Quién nos transmite la Palabra de Dios?
La Iglesia nos transmite la Palabra de Dios a través de su vida y especialmente de la Biblia o Sagrada Escritura.

9. ¿Qué es el Credo o Símbolo de la fe?
El Credo o Símbolo de la fe es la profesión de fe cristiana, recibida de los Apóstoles.

10. ¿Qué profesamos en el Credo?
En el Credo profesamos la fe en Dios, por quien todo existe, y en su plan de Salvación para todos los hombres.

11. ¿Cuál es el centro de la fe cristiana?
El centro de la fe cristiana es el misterio de la Santísima Trinidad.

12. ¿Qué nos revela el misterio de la Santísima Trinidad?
El misterio de la Santísima Trinidad nos revela que el Padre, el Hijo y el Espíritu Santo son un solo Dios. Así se manifiesta que Dios es Amor.

13. ¿Quién nos ha revelado el misterio de la Santísima Trinidad?
Jesús, el Hijo de Dios, es quien nos ha revelado este Misterio. Él nos enseña que Dios es Amor y nos lo da a conocer.

14. ¿Por qué decimos que Dios es nuestro Padre?
Decimos que Dios es nuestro Padre porque nos ha creado, cuida de nosotros y, llevado por su amor, quiere hacernos hijos suyos a imagen de su Hijo, Jesucristo.

15. ¿Por qué decimos que Dios es el Creador del cielo y de la tierra?
Decimos que Dios es el Creador del cielo y de la tierra porque hizo todas las cosas de la nada, libremente y por amor.

16. ¿Para qué ha creado Dios a los ángeles?
Dios ha creado a los ángeles para que lo alaben y le sirvan como mensajeros en la obra de Salvación de los hombres.

17. ¿Qué es lo más importante que Dios ha creado?
El hombre y la mujer son lo más importante que Dios ha creado. Los creó a su imagen y semejanza, libres, capaces de amar y de conocer la verdad, e iguales en dignidad.

18. ¿Dios cuida de toda la obra de la Creación?
Sí, Dios cuida de todas las cosas con sabiduría y amor. Especialmente cuida de nosotros porque nos ha hecho hijos suyos.

19. ¿Para qué nos ha creado Dios?
Dios nos ha creado para conocerlo, amarlo y servirle. Para ser felices con Él en la tierra y después en el Cielo.

20. ¿Cuál fue el pecado de Adán y de Eva?
Adán y Eva, nuestros primeros padres, tentados por el diablo, quisieron ser como Dios y lo desobedecieron.

21. ¿Qué consecuencia tuvo este primer pecado?
Adán y Eva, al pecar, rompieron su amistad con Dios y, como consecuencia perdieron la gracia de la santidad, la paz con los hombres y la armonía con la Creación.

22. ¿Qué es el pecado original?
El pecado original es la condición de alejamiento de Dios en la que nacemos, como consecuencia del pecado de nuestros primeros padres. Por eso necesitamos la Salvación de Dios.

23. ¿Abandonó Dios a los hombres después del primer pecado?
Dios no abandonó a los hombres sino que tuvo misericordia de ellos, les tendió la mano y les prometió un Salvador, Jesucristo.

24. ¿Quién es Jesucristo?
Jesucristo es el Hijo de Dios hecho hombre, que nació de la Virgen María por obra y gracia del Espíritu Santo. Es verdadero Dios y verdadero hombre.

25. ¿Quién es la Virgen María?
La Virgen María es la Madre de Jesús y Madre nuestra, concebida sin pecado original, que está en el Cielo en cuerpo y alma.

26. ¿Por qué decimos que la Virgen María es Madre de los cristianos?
Porque la Virgen María ayuda a todos los cristianos y pide por ellos a Jesús, su Hijo.

27. ¿Por qué llamamos Maestro a Jesús?
Llamamos Maestro a Jesús, porque Él nos enseña a amar a Dios y al prójimo.

28. ¿Por qué llamamos Salvador a Jesús?
Llamamos Salvador a Jesús porque, enviado por Dios Padre, quita el pecado del mundo y hace de todos los hombres una sola familia.

29. ¿Qué nos enseñan los Evangelios sobre la infancia de Jesús?
Los Evangelios nos enseñan que Jesús nació en Belén y vivió en Nazaret con María y José. Junto a ellos, creció en sabiduría, edad y gracia ante Dios y ante los hombres.

30. ¿Qué hizo Jesús durante su vida pública?
Durante su vida pública, Jesús anunció e hizo presente la Buena Noticia de la Salvación: el Reino de Dios ya ha llegado a nosotros.

31. ¿Qué es el Reino de Dios?
El Reino de Dios es la nueva Vida que Dios nos da, que es vivir en justicia, verdad, amor y paz.

32. ¿Cómo podemos participar en el Reino de Dios?
Podemos participar en el Reino de Dios si creemos en Jesús y, renovados por el Bautismo, amamos a Dios y al prójimo como Él lo hizo.

33. ¿Por qué la gente se admiraba al ver lo que hacía y decía Jesús?
La gente se admiraba porque Jesús pasó por la vida haciendo el bien con obras y palabras. Así mostraba que Dios quiere salvar a los hombres.

34. ¿Por qué Jesús hizo milagros?
Jesús hizo milagros porque quería decirnos que con Él ha llegado el Reino de Dios y que creamos y confiemos en Él.

35. ¿Por qué murió Jesús?
Jesús murió porque quiso ser fiel al plan que Dios Padre tenía de salvar a todos los hombres. Gracias a su vida y entrega en la Cruz, Dios Padre perdonó nuestros pecados y nos dio una nueva Vida.

36. ¿Qué quiere decir que Jesús resucitó de entre los muertos?
Quiere decir que Jesús, después de morir y ser sepultado, fue devuelto a la vida por el poder de Dios, su Padre, para no morir jamás.

37. ¿Por qué la Resurrección de Jesús es tan importante para la fe cristiana?
Porque con la Resurrección, Cristo realiza la promesa de Dios a favor de los hombres: darles la Vida nueva que no tendrá fin.

38. ¿Cómo participamos nosotros de la Resurrección de Jesús?
Nosotros participamos de su Resurrección si creemos que Jesús ha resucitado y, bautizados, esperamos resucitar un día con Él.

39. ¿Quién es el Espíritu Santo?
El Espíritu Santo es Dios, como el Padre y el Hijo. Él da vida a la Iglesia y la hace Santa.

40. ¿Qué hace el Espíritu Santo en nosotros?
El Espíritu Santo nos ayuda a comprender lo que Jesús dijo, nos da fuerza para seguirlo, continuar su obra y confiar en Dios Padre.

41. ¿Qué es la Iglesia?
La Iglesia es la gran familia de los que creen en Jesús y lo siguen; unida por los mismos Sacramentos, tiene como Pastores a los sucesores de los Apóstoles.

42. ¿Por qué decimos que la Iglesia es el nuevo Pueblo de Dios?
La Iglesia es el nuevo Pueblo de Dios porque, guiada por el Espíritu Santo, camina hacia Dios Padre con Jesucristo, el Señor.

43. ¿Por qué decimos que la Iglesia es nuestra Madre?
Decimos que la Iglesia es nuestra Madre porque ella nos hace hijos de Dios por el Bautismo, nos alimenta con el Pan de la Palabra y de la Eucaristía, y nos ayuda a crecer en la vida cristiana.

44. ¿Cuál es la misión de la Iglesia?
La misión de la Iglesia es continuar la obra de Jesús en el mundo hasta el final de los tiempos.

45. ¿Qué quiere decir «creo en la resurrección de la carne»?
«Creer en la resurrección de la carne» es creer que como Cristo resucitó, también nosotros resucitaremos al final de los tiempos cuando Cristo vuelva en su gloria.

46. ¿Qué quiere decir «creo en la vida eterna»?
«Creer en la vida eterna» quiere decir que creemos que, después de esta vida, Dios Padre nos dará una vida que durará para siempre.

47. ¿Qué es el Cielo?
El Cielo es la felicidad de la que gozan los hombres que están ya con Dios para siempre.

48. ¿Qué es el Infierno?
El Infierno es el sufrimiento de los hombres que, después de la muerte, están separados de Dios para siempre.

49. ¿Qué es el Purgatorio?
El Purgatorio es el sufrimiento de los hombres que han muerto en paz con Dios, pero que tienen que ser purificados de sus pecados antes de participar en la felicidad del Cielo.

50. ¿Qué significa la palabra «Amén», con la que termina el Credo?
Decir «Amén» significa que creemos las palabras, las promesas y los Mandamientos de Dios; que nos fiamos totalmente de Él.

La celebración del Misterio cristiano

Los gestos y las palabras de Jesús continúan hoy vivos entre nosotros a través de los gestos y palabras de la Iglesia: los Sacramentos.
Quienes participamos en la vida de la Iglesia sabemos que en sus palabras y acciones se cumple la promesa de Jesús a los Apóstoles: «Sabed que Yo estoy con vosotros todos los días, hasta el fin del mundo». (Mt 28, 20)

51. ¿Jesús está presente hoy entre nosotros?
Jesús está presente hoy entre nosotros cuando la Iglesia ora, proclama la Palabra de Dios y celebra los Sacramentos, particularmente la Eucaristía. También está presente en todos los hombres, sobre todo en los más pobres y en los que sufren.

52. ¿Qué sucede cuando la Iglesia celebra los Sacramentos?
Cuando la Iglesia celebra los Sacramentos nos encontramos con Cristo resucitado y recibimos la gracia del Espíritu Santo.

53. ¿Cuáles son los siete Sacramentos?
Los siete Sacramentos son: el Bautismo, la Confirmación, la Eucaristía, la Penitencia, la Unción de enfermos, el Orden sacerdotal y el Matrimonio.

54. ¿Cuáles son los Sacramentos que nos inician en la vida cristiana?
Los Sacramentos que nos inician en la vida cristiana son: Bautismo, Confirmación y Eucaristía.

55. ¿Qué hace en nosotros el sacramento del Bautismo?
El sacramento del Bautismo nos hace hijos de Dios a imagen de Jesús y miembros de la Iglesia. Por el Bautismo somos lavados del pecado original, morimos a todo pecado y nacemos a una Vida nueva.

56. ¿Qué hace en nosotros el sacramento de la Confirmación?
Por la Confirmación, los bautizados recibimos más plenamente al Espíritu Santo, nos unimos más a Jesucristo y a su Iglesia y somos enviados a anunciar el Evangelio.

57. ¿Qué es pecar?
Pecar es decir «no» al amor de Dios, desobedeciendo sus Mandamientos.

58. ¿Qué consecuencias tiene el pecado?
El pecado rompe o debilita nuestra relación con Dios, hace daño a los demás y a nosotros mismos.

59. ¿Por qué los cristianos no nos desanimamos a pesar de haber pecado?
Porque Dios Padre está siempre dispuesto a perdonarnos, pues es misericordioso y conoce nuestro corazón.

60. ¿Qué hace en nosotros el sacramento de la Penitencia?
Por el sacramento de la Penitencia, la Iglesia, en nombre de Jesús, perdona nuestros pecados y nos reconcilia con Dios y con los hombres.

61. ¿Por qué los cristianos celebramos el domingo?
Porque el domingo es el día del Señor. Convocados por Dios Padre, celebramos la Eucaristía. Los cristianos no podemos vivir sin el domingo.

62. ¿Qué celebra la Iglesia en la Eucaristía?
En la Eucaristía la Iglesia celebra el memorial de la Pascua de Cristo, la actualización y ofrenda sacramental de su único Sacrificio en la Cruz.

63. ¿Cómo participamos los cristianos en la Eucaristía?
En la Eucaristía, los cristianos escuchamos la Palabra, damos gracias a Dios Padre y nos ofrecemos a Él con su Hijo Jesucristo. En la Comunión recibimos a Jesús como alimento de Vida eterna que nos une a todos como hermanos.

64. ¿Está Jesús realmente presente en la Eucaristía?
Sí, por la acción del Espíritu Santo, Jesús está realmente presente en la Eucaristía: lo que parece pan y vino es el Cuerpo y la Sangre del Señor.

65. ¿A qué nos invita el sacerdote cuando dice: «podéis ir en paz»?
El sacerdote nos envía a compartir la fe, la paz y todo lo nuestro con los hombres.

66. ¿Qué hace en nosotros la Eucaristía?
La Eucaristía nos une más a Cristo y a la Iglesia, fortalece nuestra vida cristiana y nos hace crecer en el amor al prójimo.

67. ¿Quiénes presiden la Eucaristía?
La Eucaristía la presiden los obispos y los presbíteros como representantes de Cristo.

68. ¿Qué es la Unción de enfermos?
La Unción de enfermos es el Sacramento que nos fortalece en la enfermedad y ayuda a los que están en peligro de muerte, uniendo su sufrimiento al sufrimiento de Cristo.

69. ¿Qué es el sacramento del Orden sacerdotal?
Es el Sacramento por el que algunos bautizados son consagrados para ser ministros en la Iglesia y continuar la misión que Cristo dio a los Apóstoles.

70. ¿Qué es el sacramento del Matrimonio?
Es el Sacramento que santifica la unión del hombre y de la mujer del que nace la familia cristiana como comunidad de vida y amor.

La vida en Cristo

El cristiano está llamado a vivir y a crecer hasta la medida de Cristo Jesús respondiendo al proyecto de amor que Dios Padre tiene sobre todos los hombres.

Este proyecto de amor se expresa en los Mandamientos, que se resumen en el amor a Dios y al prójimo, tal como Jesús nos ha enseñado.

Hoy, como siempre, la Iglesia nos invita a seguir a Jesús según los Mandamientos de Dios con la ayuda del Espíritu Santo, que nos da la fuerza para cumplirlos con generosidad, alegría y libertad.

71. ¿Los cristianos podemos seguir a Jesús?
Sí, podemos seguir a Jesús gracias al Espíritu Santo que vive en nosotros y nos ayuda a conocer lo bueno y lo malo. Es el espíritu quien nos da la fuerza para obrar el bien.

72. ¿Por qué podemos elegir entre el bien y el mal?
Podemos elegir entre el bien y el mal porque Dios nos ha hecho libres y nos da su gracia para hacer el bien y evitar el mal.

73. ¿Cuál es el mayor obstáculo para seguir a Jesús?
El mayor obstáculo para seguir a Jesús es olvidarnos de Él y de sus mandatos en la vida diaria.

74. ¿Cómo seguir a Jesús?
Seguimos a Jesús cumpliendo la voluntad de Dios, manifestada en los Diez Mandamientos, tal y como los vivió y nos los enseñó Jesús y nos ha transmitido la Iglesia.

75. ¿Qué nos enseñan los Diez Mandamientos?
Los Diez Mandamientos nos enseñan el camino para llegar a Dios y así ser felices y hacer felices a los demás.

76. ¿Qué nos enseñó Jesús sobre los Mandamientos?
Jesús nos enseñó a no separar nunca el amor a Dios del amor a nuestros hermanos.

77. ¿Cuál es el Mandamiento Nuevo de Jesús?
El Mandamiento Nuevo de Jesús es este: «Amaos los unos a los otros como yo os he amado.»

78. ¿Cuál es la novedad de este Mandamiento?
La novedad de este Mandamiento es que Jesús nos llama a amar a todos hasta dar la vida, incluso por nuestros enemigos, como Él hizo.

La oración cristiana

La oración es la relación viva y personal de los hombres con Dios Padre, con su hijo Jesucristo y con el Espíritu Santo.

Jesús nos enseñó la oración más importante: el Padrenuestro. La Virgen María reconoció las obras grandes que Dios hizo en Ella, por eso oraba y alababa al Señor.

En la comunidad cristiana aprendemos a escuchar a Dios, a agradecerle los dones que nos da, a acoger su voluntad, a pedirle en nuestra necesidad, a vivir en su presencia. La familia cristiana es el primer lugar de educación en la oración.

79. ¿Qué es orar?
Orar es hablar con Dios Padre, que siempre nos ama y nos escucha. Al orar respondemos a Dios como hijos suyos.

80. ¿Cómo oraba Jesús?
Jesús oraba con confianza pues Él conocía mejor que nadie a Dios, su Padre.

81. ¿Podemos atrevernos a hablar con Dios nuestro Padre?
Sí, podemos atrevernos a hablar con Dios, nuestro Padre, porque Jesús mismo nos lo mandó y para eso nos enseñó el Padrenuestro.

82. ¿Cuál es la petición que orienta la oración del Padrenuestro?
La petición que orienta todo el Padrenuestro es esta: «Venga a nosotros tu Reino.»

83. ¿De qué manera podemos hablar con Dios Padre en la oración?
En la oración podemos dar gracias a Dios, pedirle ayuda, alabarlo, ofrecernos, estando en silencio delante de Él, adorándolo.

84. ¿Es posible orar en todo momento?
Sí, es posible orar en todo momento pues el Señor está siempre presente en todos los acontecimientos de nuestra vida.

85. ¿Quién puede enseñarnos a orar?
Aprendemos a orar especialmente en familia, en la catequesis, en comunidad con otros cristianos y en el silencio de nuestro corazón.

86. ¿Cuáles son los lugares favorables para la oración?
Se puede orar en cualquier sitio, pero el templo es el lugar propio de la oración de la Iglesia.

La celebración del misterio cristiano

Los siete Sacramentos

1. Bautismo
2. Confirmación
3. Eucaristía
4. Penitencia o Reconciliación
5. Unción de enfermos
6. Orden sacerdotal
7. Matrimonio

«Amaos unos a otros como yo os he amado.» (Jn 13, 34)

Las Bienaventuranzas

Bienaventurados los pobres de espíritu, porque de ellos es el Reino de los Cielos.
Bienaventurados los mansos, porque poseerán la tierra.
Bienaventurados los que lloran, porque serán consolados.
Bienaventurados los que tienen hambre y sed de justicia, porque serán saciados.
Bienaventurados los misericordiosos, porque alcanzarán misericordia.
Bienaventurados los limpios de corazón, porque verán a Dios.
Bienaventurados los que trabajan por la paz, porque serán llamados hijos de Dios.
Bienaventurados los perseguidos a causa de la justicia, porque de ellos es el Reino de los Cielos.

Las tres virtudes teologales

1. Fe
2. Esperanza
3. Caridad

Los diez Mandamientos

1. Amarás a Dios sobre todas las cosas.
2. No tomarás el nombre de Dios en vano.
3. Santificarás las fiestas.
4. Honrarás a tu padre y a tu madre.
5. No matarás.
6. No cometerás actos impuros.
7. No robarás.
8. No darás falso testimonio ni mentirás.
9. No consentirás pensamientos ni deseos impuros.
10. No codiciarás los bienes ajenos.

Los cinco Mandamientos de la Iglesia

1. Oír Misa entera todos los domingos y fiestas de guardar.
2. Confesar los pecados mortales al menos una vez al año, en peligro de muerte y si se ha de comulgar.
3. Comulgar al menos por Pascua de Resurrección.
4. Ayunar y abstenerse de comer carne cuando lo manda la Santa Madre Iglesia.
5. Ayudar a la Iglesia en sus necesidades.

Contenidos primer trimestre

Unidad	Contenidos y criterios de evaluación	Apartados
1. Un encuentro con Dios	**La celebración de la Eucaristía.** 2. Diferenciar signos y momentos de la celebración eucarística.	**La celebración de la Eucaristía** - Partes de la celebración
	La experiencia de pecado en los relatos de las religiones antiguas. 1. Descubrir en los relatos de las religiones antiguas la experiencia del pecado humano.	**La misericordia de Dios** - La realidad del pecado
2. El perdón de Dios	**La celebración de la Eucaristía.** 2. Diferenciar signos y momentos de la celebración eucarística.	**La celebración de la Eucaristía** - El perdón de Dios
	El relato del pecado original: el hombre quiere suplantar a Dios. 1. Identificar el origen del pecado en algunos relatos bíblicos. **Dios fiel promete un Mesías.** 5. Aprender y recordar historias bíblicas en las que Dios promete el Mesías.	**La misericordia de Dios** - El origen del mal
3. La Palabra de Dios	**La celebración de la Eucaristía.** 2. Diferenciar signos y momentos de la celebración eucarística.	**La celebración de la Eucaristía** - La Palabra de Dios
	Dios está siempre dispuesto al perdón. 2. Conocer las características del perdón de Dios. **Dios fiel promete un Mesías.** 5. Aprender y recordar historias bíblicas en las que Dios promete el Mesías.	**La misericordia de Dios** - La historia de Israel

Contenidos primer trimestre

Actividades de evaluación trimestral I	
Estándares de aprendizaje	**Actividades**
BLOQUE 1 1.1 Localiza y descubre situaciones de pecado descubiertas en los relatos de las religiones antiguas. 1.2 Califica el tipo de pecado en situaciones de su entorno y las compara con las encontradas en los relatos de las religiones antiguas. 2.1 Recuerda y acepta situaciones personales o sociales que necesitan perdón.	2
BLOQUE 2 1.1 Ubica en el relato del pecado original las frases que expresan la falta de colaboración en la tarea de Dios y el rechazo de la amistad con Él, y las aplica a situaciones actuales. 1.2 Recuerda y narra acontecimientos actuales en los que se ha rechazado la amistad con Dios. 2.1 Descubre y enumera las características del perdón de Dios en algunos relatos bíblicos. 5.1 Reconstruye y memoriza escenas bíblicas donde Dios hace la promesa del Mesías.	3 / 4 / 5 / 6
BLOQUE 4 2.1 Vincula símbolos, significados y momentos de la celebración eucarística.	1

Contenidos segundo trimestre

Unidad	Contenidos y criterios de evaluación	Apartados
4. Con un solo corazón	**La celebración de la Eucaristía.** 2. Diferenciar signos y momentos de la celebración eucarística.	**La celebración de la Eucaristía** - Con un solo corazón
	Infidelidad a la misión encomendada por Dios en la historia de David. 3. Memorizar momentos de la historia de David en los que abusa de la misión encomendada por Dios. **David siente en su vida la necesidad de redención.** 4. Descubrir y valorar la razón por la que David siente la necesidad de redención. **Dios fiel promete un Mesías.** 5. Aprender y recordar historias bíblicas en las que Dios promete el Mesías.	**La misericordia de Dios** - El rey David
5. La alabanza a Dios	**La celebración de la Eucaristía.** 2. Diferenciar signos y momentos de la celebración eucarística.	**La celebración de la Eucaristía** - La alabanza a Dios
	El perdón de Dios: acciones y parábolas de Jesús. 1. Comprender el significado de algunas parábolas del perdón.	**La misericordia de Dios** - Un Padre misericordioso
6. La plegaria eucarística	**La celebración de la Eucaristía.** 2. Diferenciar signos y momentos de la celebración eucarística.	**La celebración de la Eucaristía** - El sacrificio de Cristo
	El perdón de Dios: acciones y parábolas de Jesús. 2. Memorizar algunas acciones donde Jesús concede el perdón. **Amistad y preferencia de Jesús por los más débiles y necesitados.** 3. Reconocer la iniciativa de Jesús por los más necesitados y los enfermos.	**La misericordia de Dios** - Jesús, el Buen Pastor

Contenidos segundo trimestre

Actividades de evaluación trimestral II	
Estándares de aprendizaje	**Actividades**
BLOQUE 1 2.1 Recuerda y acepta situaciones personales o sociales que necesitan perdón.	2
BLOQUE 2 3.1 Identifica y describe comportamientos de la vida del rey David que se oponen a la voluntad de Dios. 4.1 Compara la actitud de David con situaciones personales en las que ha sentido la necesidad de ser perdonado. 4.2 Reconoce y expresa artísticamente escenas de la historia de David en las que Dios le perdona. Muestra respeto por las intervenciones de sus compañeros. 5.1 Reconstruye y memoriza escenas bíblicas donde Dios hace la promesa del Mesías.	2
BLOQUE 3 1.1 Analiza, comenta y crea relatos donde actualiza las parábolas del hijo pródigo y del fariseo y el publicano. 2.1 Visualiza, en obras de arte, escenas de perdón y las explica. 3.1 Busca, subraya y comenta rasgos de la preferencia de Jesús por los más necesitados y los enfermos, en los textos evangélicos.	3 / 4 / 5
BLOQUE 4 2.1 Vincula símbolos, significados y momentos de la celebración eucarística.	1

Contenidos tercer trimestre

Unidad	Contenidos y criterios de evaluación	Apartados
7. La oración de Jesús	**La celebración de la Eucaristía.** 2. Diferenciar signos y momentos de la celebración eucarística.	**La celebración de la Eucaristía** - La oración de Jesús
	Jesús cumple la voluntad del Padre: pasión y muerte de Jesús. 4. Comprender y apreciar que, en su pasión y muerte, Jesús está cumpliendo la voluntad del Padre.	**La misericordia de Dios** - Pasión y muerte de Jesús
8. El pan de vida	**La celebración de la Eucaristía.** 2. Diferenciar signos y momentos de la celebración eucarística.	**La celebración de la Eucaristía** - El pan de vida
	El perdón como necesidad del ser humano. 2. Identificar la necesidad del perdón para ser feliz.	**La misericordia de Dios** - El sacramento de la Reconciliación
	El sacramento de la Reconciliación. 1. Explicar que, a través del sacramento de la Reconciliación, Dios concede el perdón.	
9. La alegría y la paz	**La celebración de la Eucaristía.** 2. Diferenciar signos y momentos de la celebración eucarística.	**La celebración de la Eucaristía** - La alegría y la paz
	El perdón como necesidad del ser humano. 2. Identificar la necesidad del perdón para ser feliz.	**La misericordia de Dios** - La Cuaresma
	La Cuaresma: tiempo penitencial. 3. Conocer rasgos de la Cuaresma como tiempo penitencial.	

Contenidos tercer trimestre

Actividades de evaluación trimestral II	
Estándares de aprendizaje	**Actividades**
BLOQUE 1 2.1 Recuerda y acepta situaciones personales o sociales que necesitan perdón.	4 / 5
BLOQUE 3 4.1 Secuencia ordenadamente escenas de la historia de la Pasión e identifica las palabras de Jesús que expresan su relación con el Padre. 4.2 Distingue y explica frases del relato de la oración del Huerto de los Olivos que expresan la obediencia de Jesús al Padre.	2 / 3
BLOQUE 4 1.1 Conoce y explica las condiciones para acoger el perdón de Dios. 1.2 Describe los pasos de la celebración del sacramento del Perdón. 2.1 Vincula símbolos, significados y momentos de la celebración eucarística. 3.1 Investiga y presenta con diversos recursos obras e instituciones de la Iglesia de carácter penitencial.	1 / 4 / 5

Editorial Casals, fundada en 1870

Libro adaptado al Real Decreto 126/2014, de 28 de febrero, por el que se establece el currículo básico de la Educación Primaria, y a la Resolución de 11 de febrero de 2015, por la que se publica el currículo de la enseñanza de Religión Católica de esta etapa.

Coordinación editorial: Ramon Manté
Composición de canciones: Rogelio Benítez, Jason Levêque, Mercedes Escrivá de Romaní

Revisión lingüística: Cristina Alario y Marta Ponzoda
Diseño de cubierta e interior: E&M
Fotografía: Album, AGE, GETTY.

Caspe 79, 08013 Barcelona
Tel.: 93 244 95 50 Fax: 93 265 68 95 editorialcasals.com ecasals.net

Primera edición: junio de 2015
ISBN: 978-84-218-5747-2
Depósito Legal: B-1262-2015
Printed in Spain
Impreso en Índice.

Las Fórmulas de Fe del anexo de este libro han sido tomadas del Catecismo Jesús es el Señor (CEE).
Las citas bíblicas han sido tomadas y adaptadas de la Sagrada Biblia (versión oficial de la CEE).

Libro aprobado por la Comisión Episcopal de Enseñanza y Catequesis en fecha 21 de mayo de 2015